# CRISTALLOGRAPHIE

## JACQUES OEL-HARFANG

*Éditeur Patinet Thierri*

*Cristallographie*

© JACQUES PATINET

Éditeur : © Patinet Thierri 2019

ISBN 978-2-87782-666-2

Le code de la propriété intellectuelle n'autorisant, aux termes de l'article L.122-5, 2° et 3°, d'une part, que les copies ou reproductions strictement réservées à l'usage privé du copiste et non destinées à une utilisation collective et, d'autre part, que les analyses et les courtes citations dans un but d'exemple et d'illustration, toute représentation ou reproduction intégrale ou partielle faite sans le consentement de l'Auteur ou de ses ayants droit ou ayants cause est illicite (Art. L.122-4). Cette représentation ou reproduction par quelque procédé que ce soit, constituerait donc une contrefaçon sanctionnée par les articles L.335.2 et suivants du Code de la propriété intellectuelle.

# CRISTALLOGRAPHIE

*Poésie*

*Cristallographie*

*À mon Père*

*La lune luit
Ton âme fuit
Papillon de nuit*

*1967*

*Cristallographie*

« Ô mon cœur devient
Infaillible cristal auquel
La lumière s'éprouve. »

Hölderlin

*Cristallographie*

*Cristallographie*

# LES VISAGES RÉELS

*Cristallographie*

*Cristallographie*

# I

# Ô PENSÉE, CERTITUDE ÉTRANGE DE L'ENVOL

Blanche voile d'air pur aux colombes ravies
L'île verte ruisselle aux confins de l'espace.
Isis immarcescible au-delà du symbole,
Sourit dans la splendeur du soleil qui l'enlace,
S'abîme dans les ors de la suspicion,
Ô surprise, ô sourire, ô constellation.

Isis, tu m'apparus aux grottes végétales,
Dans la bleuité nue de la vague d'opale,
Le théorbe innombrable aux accords dispersés
Entre tes doigts parés du silence irisé.
La flexion des forêts me révélait la flamme
Efflorescente... Je contemplai ton âme
Signe scriptural d'un phénomène futur.

*Cristallographie*

## II

## ANTIENNE FLORALE

*À Roselyne*

L'aspérule grimpante
L'acacia l'amandier
L'aigremoine et l'acanthe
L'adonis printanier

L'ancolie l'asphodèle
L'aster bleu l'aralia
Giroflée ravenelle
Cyclamen camélia

L'actée rouge pervenche
Gypsophile rampant
Lysimaque actée blanche
Onagre orpin brûlant

Berce criste-marine
Narcisse et althéa
La grande balsamine
Molène nymphéa

L'élyme et l'érianthe
Lis tigré lis royal
La violette odorante
L'iris hémérocalle

Edelweiss épiaire
Renoncule ixia
Galanthe fritillaire
Saponaire aubrietia

Cytise amaryllis
Silène cilié
Orphrys et oxalis
Alysse violier

Bugle pyramidale
Le grémil rouge-bleu
Amarante astragale
Digitale de feu

Campanule fluette
Gentiane à sept dents
Bétoine pied d'alouette
Sabline à quatre rangs

Scabieuse scutellaire
Erythrone bleuet
Pulsatille radiaire
Rose à « parfum de l'Hay »

Rose Reine des roses.

## III

## BERCEUSE À FRANCK

Songe dans la nuit,
Qui sourit aux anges,
Un petit enfant
Son frêle lit blanc
Tremble infiniment
Sous la tiédeur des langes.

Dans l'alcôve multiple
Où s'exhale le jour,
J'écoute vivre
Le fruit radieux
De sève qui s'écoule
Dans le fin corps
De tourterelle.

La lumière glisse
Sur ses paupières
De roses surgissantes.
Je t'apporte le bleu
Du ciel et de la mer,
La clarté du soleil
Et l'ambre du matin.

J'aime,
Le souffle des parfums
S'ouvre parmi le vent
De graines envolées,
Et je saisis l'espace,
Dans ton regard tremblant,
Ébloui et ravi.

## IV

## Ô GLORIEUSE L'ÂME
## EN CE PEU DE POUSSIÈRE

Le songe, jeu du ciel
Aux blancheurs diaphanes,
Ses formes vaines d'ambre
Irradiaient le champ

De notre impermanence.
Terre, asile, silence
D'un futur sidéral,
Envol de sédiment.

Sous l'onde lumineuse
Antée d'aile et de vent,
Universalité
De la création.

Le rêve réfléchit
Ta propre illusion,
Ô moire d'ombre où gît
L'ancestrale colère.

*Cristallographie*

Brahma fertile en moi
Aux sources de l'espace
Miroir polarité
Gravitation ferment
De la transmutation.

*Cristallographie*

Soleil, ravissement floral
Qu'un rythme inébranlable altère
Ta concision virginale
Me libère.

*Cristallographie*

## V

## RÉMINISCENCE

Si le ciel te captive
Et délivre, ce bleu
Vague et si frêle
Qui dans le soir enivre ;

Rappelle-toi, le nid
L'écorce de l'été,
La robe dans les plis
De l'herbe, la clarté,

Que nous restera-t-il
De nos fières pensées,
Le flot indélébile
De formes insensées.

## VI

## LARME ROSE PURE DU JOUR

Quelle rose
De neige
Ose
Paraître
Plus belle,

Seule,
Avide,
Elle oublie,
Mais son cœur
Se flétrit.

Quel astre
Empruntera
Son éclat
De diamant
Incarné.

## VII

## ORS DE GLACE FÉBRILE

Sous quel regard de proie
Les pieuvres cascadeuses
Gravitent et flamboient
Dans l'or des nébuleuses
Croissantes de l'exil.

## VIII

## LA PIERRE SOLAIRE

De la pierre éclatée
Jaillit le dieu vainqueur
Pétri d'aube lactée,
La semence du cœur.

Larme cicatricielle,
Le fleuve cascadeur
S'étire immatériel
Sur les flancs du rêveur.

La lumière bleuit
L'âme, palme rôdeuse
S'esquive, nébuleuse
Aux confins de la nuit.

Dans le jardin d'opale
Les anges messianiques
Délient l'ordre frontal
Des forces telluriques.

## IX

## HYPERBOLIQUE

Je suis l'œil et la dague

Je suis l'astre et l'opaque
L'horizon m'engloutit

Dans ses bleuités vague
Où l'orage dévoile

Le souffle de Pythie.

J'écoute dans le ciel
La lumière jaillir.

Le champ d'azur broyé
Oblitère l'espace

Par les crêtes dorées
De miracle dormant.

## X

## RENONCER MÊME À CE QUE L'ON AIME

Le sage regardait
La fleur, et sa pensée
Errait.
Le pollen de son rêve
S'estompait dans l'espace
Le sage souriait.

Il était fleur et roi
« Comment, s'écria-t-il,
Ai-je pu devenir
La fleur que je contemple ? »

XI

DÉCHIREMENT

Quelle sensible proie
Le soi fertile en soi
Qu'avive le soupçon

Et dont la dent s'incruste,
Étrange floraison
L'Ange d'incertitude.

## XII

## AUX CONFINS ÉGARÉE

Fine, limpide, claire,
Tu m'apparus, vertige,
Haut vaisseau de silence

Qu'altèrent l'ineffable
Et la grâce du ciel.
En toi-même s'assemble
Un site impérieux.

Tous les parfums du jour
Ruissellent de ton âme,
Et ton souffle est plus pur
Que le vent aromal.

Vierge, faune vive,
Vestige indestructible
Où se crée le mystère,
Dans la splendeur du nombre

Atrocement meurtrie,
Sur le parvis d'ivoire,
Myrte, glycine, alysse
Et yeux de myroxyle,

Tremblent d'un tremblement
De tendresse et d'émoi.
L'infini te résorbe
En un corps idéal

D'impossible unité,
Cygne de neige tendre,
Dont le vol libéral
M'engloutit d'un baiser.

*Cristallographie*

## XIII

## ARABELLE

Je t'ai choisie parmi
Les lys et les colombes
La rose et les prairies,
L'âpre pourpre des ombres,
Le soleil de l'épi,
Fille frêle de l'ambre

Mon enfant,
Ton ciel est la lumière
Des cœurs vibrant d'amour.

Comme du sein des terres
Jaillit, ô plaie profonde
En ta ceinture blonde,
Resplendissante serre
Dont l'esprit et le sang
Sont le fruit d'une chaîne

Mon enfant
Mon amour.

## XIV

## PASTORALE

Dans les jardins du ciel
Sous l'amandier fleuri
L'eau vive s'élançait
Des cimes étoilées
Et l'horizon croulait
De lumière diffuse

Palissée d'ombre et d'onyx.
La preste batelière,
Yeux d'amande bleutée,
Déplore son miroir,
L'eau brûlée
Par la brisure des vagues,
Oracle du printemps.

*Cristallographie*

*Cristallographie*

# FEMME MÉNESTREL

*Cristallographie*

## XV

## Ô FEMME MÉNESTREL

Ô femme ménestrel
Tu magnifies la nuit,
Larme cicatricielle
Palme d'ombre et d'onyx.

Femme, quel vain féal,
Me dérobe le champ
D'un poème floral
Confusion du temps.

Ô vertige, ô poussière,
Irradiation
Ô preste batelière
Ô fécondation.

## XVI

## DÉLICIEUSE

Délicieuse fine
D'or et d'oiseaux mêlés,
Tu parais, la joie brûle.

L'oiseau, de ta poitrine
S'échappe, est-ce un flocon
De la fleur épanouie

Toute attentive encore
Aux baisers de ses sœurs,
Je la devine au moindre songe,

Elle m'entraîne et me prolonge,
Elle s'infiltre dans le ciel,
Et je ne puis la retenir.

XVII

CHANT


Le chant des hirondelles
Qui gravit la colline
M'efface-t-il le ciel.

Ma demeure, mon être,
Aux sources je pénètre
Idéale de voile.

*Cristallographie*

## XVIII

## OISEAUX

Les oiseaux, purs liens
De l'espace visible,
De la brise en rosée,
Aux eaux bleues de la nuit

Sous le brillant la soie
Des arches de velours,
Équation vitale,
Marée d'ombre et d'étoile
Où se joue le cristal.

## XIX

## FILEUSE

Ô longue, fine, c'est
La laine qui s'égoutte.
Fileuse en la croisée
Tes yeux tremblent Amour.

Dans le babil des roses
À peine suggéré,
L'arc-en-ciel de l'été
Fébrilement repose.

Les aurores limpides
Et les feux du soleil
Sur les landes avides
Avivent les abeilles.

L'arbre géant scintille
Sur la brise fébrile,
J'abandonne mon être
Au caprice des ailes.

## XX

## MER

Mer régénératrice, hydre aux flancs de colombe...
Des rocs tumultueux, j'apparaîtrai aux cimes,
Dans le frémissement de convergentes îles.

Sur l'esquif délirant du nocturne insoumis
Lors l'azur, l'incarnat, la semence éblouie
De mon rêve fertile, prolongent l'espace.

Le silence insondable de la mer, des glaces,
S'infiltre dans l'oubli, aux confins de l'espace
Je m'abîme, Déesse, en un désert d'amour.

## XXI

## LA SIRÈNE

La sirène indécise
Aux voiles de carène,
Caresse la banquise.

Et sur ses flancs d'azur,
Le sillage du nid
Nivéal se fissure.

Confusion des signes
Elle surgit, phalène
De la vague d'écume.

Quel méandre indicible
A surpris son sourire,
Elle emprunte au nadir

L'inflexion majeure
Des rêves nostalgiques,
Projetant dans l'espace

Leurs sens allégoriques.

## XXII

## NUIT

Nuit, suprême vigile,
Qu'abolit le néant en ses serres fragiles,
Tu conspires déjà sous l'antique portique

Où mes rêves latents,
S'égrènent sous les doigts de l'ange séraphique,
L'univers intérieur conspire contre soi.

La verticalité du ciel, pur émoi,
Suspend l'oubli majeur aux blancheurs diaphanes.
La durée s'abolit aux cimes des arcanes.

## XXIII

## LA DÉESSE

L'ambre bleuit au front
De l'antique Déesse,

Les pans de l'astre obliquent
La lumière irisée,
Sur l'or cristallisé
De sa blanche tunique.

Le chevalet impur
De ses courbes graciles.

L'orbe, géante armure
Des premiers rituels,
S'infléchit et palpite
Dans l'ordalie du ciel.

XXIV

ARCANE




Sous l'onde lumineuse
Antée d'aile et de vent
Envol de sédiment
Le rêve réfléchit
Ta propre illusion ;
Ô moire d'ombre où gît
L'ancestrale colère.

## XXV

## LIENS

Corolle d'argent frêle
Palpitante de ciel
Et d'oiselets tremblants,

La forêt éblouie
De fleur en fruit en graine
En forme indivisible.

Le champ des origans
Aux limpides clameurs
Des vents irréfragables

S'abîme dans l'espace
Où tes yeux polarisent
La lumière du jour.

## XXVI

## INVINCIBILITÉ

Dans les feux de l'obscur,
Mon âme te contemple,
Ô nombre de l'azur
Invincibilité

Tu suspends l'être au sein
Des mouvantes clartés,
Indicible dessein
De l'âcre volupté.

## XXVII

## D'UNE AURORE À L'AUTRE

Lueur brillante et rosée
Qui suit l'aube
Et blanchit l'horizon,
Aurore surprenant
Le lever du soleil

La violette houssée
La violette du cyprès
Sous les palmiers de Cadix
Resplendit d'or et de saphyr.

XXVIII

ÎLE

L'île
Native
Florissante
Constellation
D'arches et de rêves
M'offrit ton corps limpide
Lentes vagues éphémères.
L'oublieuse silencieuse
Ravit les purs éclats des gemmes incisives.
Le sable délirait, surprise de l'onde rétive
Sous le péril de roses où neigeaient des étoiles.

*Cristallographie*

# ARABELLE

*Cristallographie*

## XXIX

## LA NATURE OPÉRATOIRE DE L'ESPRIT
*Art Poétique*

L'esprit ne conquiert que ce qu'il crée.
Creuse ton sillon autour de toi.

L'œuvre est réflexion sur la création,
Perception du sensible vers l'intelligible,
Vision, plutôt voix, le poème : la cible
Est art combinatoire.

Toute magie suscite un langage irruptif
Dans un rapport unique avec le fugitif.

Le poète surgit face aux feux des orages.
Sous le masque du démiurge il investit
Le réel et la totalité des langages
Naturels, opérant la primaire alchimie :
Co-naître à la conscience.

## XXX

## PURIFICATION

Or, l'indicible flamme
Consume le poète,
Purification
Où masque de l'archange
Foudroyant et infâme.

Dieu surgit de l'esprit.

La fixité, l'œil noir,
Dévoile l'horizon
Du réel, obsession,
Désert, frange du rêve
À peine ressenti.

Du silence, le cri.

## XXXI

## L'ANGE

L'ANGE aux palmes d'effroi
Gravit le roc aride
La nuit captive inonde
Le silence d'outrage.

## XXXII

## LA VIE I

La vie, cette brisure
Conspire contre soi.
L'univers me délivre
Du poids de l'innocence.

*Cristallographie*

## XXXIII

## LA VIE II

Je vis sans vivre en moi.
Le désir me détache.
Je vis hors de l'oubli.
Mon âme n'est pas moi.

## XXXIV

## CRÉATION I

Calcaire irréductible
Des signes et des palmes
L'avalanche divine
M'inonde et me libère.

Les sarments du soleil
Pulvérisent l'éclair
L'orme triangulaire
De la création

Le cygne des errances.

Ô cygne de mon rêve mortel,
Les constellations n'ont point altéré
Les rives de la blanche aurore
De la création.

Et dans l'ordre pur de l'éternel
Où s'abîment les silences de l'été,
Les vives oublieuses d'or,
La fulguration.

## XXXV

## CRÉATION II

Le cygne de mes rêves...
Fugitif il dérive
Aux aurores fertiles
Un bruissement de sève.

Les oublieuses d'or
S'abîment dans le ciel :
Les fulgurations
De la création.

## XXXVI

## RENONCEMENT

Qui me délivrera de la nuit et du vent.

Connaîtrais-je la joie du triomphe, défi,
Lumière de l'esprit que l'esprit purifie.

Je m'offre au pur joyau du fol renoncement.

Ainsi, s'accomplira la réintégration
Du temple du soleil, dans la non-action.

## XXXVII

## GERMINATION

L'ange fertile en soi
Aux sources de l'espace
Miroir polarité
Gravitation ferment
De la transmutation.

## XXXVIII

## CHEMINEMENT

J'ai perçu le silence,
Ses dimensions onglées,
L'âme humaine érigée
Aux fins de l'absence.

Après l'efflorescence
Virtuelle de l'être,
Au fond le soi, tempête,
Frêle s'évanouit.

L'éveil est le sillon
De la germination
Prodigieuse du ciel.

Ce pôle de la vie
Obtus, entre lequel
L'homme étoilé dérive.

## XXXIX

## APHELIE

À peine si du ciel,
L'aube de pierre irise
Éblouit, étincèle
La Déesse promise.

Astre fertile d'or,
Gemme pure et subtile
Qui ranime son corps
Et son âme aquatile.

Dans l'atoll lumineux
Des rêves erratiques,
Le vol sec vif et bleu
D'un faucon séraphique.

Sous l'écorce d'azur
L'indompté le croisé
S'infiltre. Sa parure
De fauve et d'azalée

Captive le brillant
De nacre constellé
Dans l'orbe ruisselant
D'HORUS immaculé.

XL

ABSCISSE


Gel d'azur, froide et pure
Surgissante, irisée,
L'attente d'un murmure,
L'ÂME PULVÉRISÉE.

## XLI

## ISTHME

Isthme, initiation,
Aux pôles du symbole
Qu'avive la parole

Sensibilisation
À l'extrême du Soi
Le silence s'éploie.

Pure géométrie
Variable et sans loi,
Consumable le moi

La brûlure est folie.

## XLII

## ISIS

*Tu m'as créé de feu*
*Tu m'as créé d'argile.*

Sous le signe du dieu
Le ferment du silence,
Les dédales du feu
Irradient ta naissance.

Par l'illumination,
L'émergence de l'être,
La réintégration
Salvatrice du Maître.

Lorsque la création
Pure s'évanouit
Dans la profusion
De Ta grâce infinie.

# Table

*Cristallographie*

# Cristallographie

LES VISAGES RÉELS - 7

I - Ô PENSÉE, CERTITUDE ÉTRANGE DE L'ENVOL – 9
II - ANTIENNE FLORALE - 10
III - BERCEUSE À FRANCK - 12
IV - Ô GLORIEUSE L'ÂME EN CE PEU DE POUSSIÈRE - 13
V – RÉMINISCENCE - 16
VI - LARME ROSE PURE DU JOUR - 17
VII - ORS DE GLACE FÉBRILE - 18
VIII - LA PIERRE SOLAIRE - 19
IX – HYPERBOLIQUE - 20
X - RENONCER MÊME À CE QUE L'ON AIME - 21
XI – DÉCHIREMENT - 22
XII - AUX CONFINS ÉGARÉE – 23
XIII – ARABELLE - 24
XIV – PASTORALE – 25

FEMME MÉNESTREL - 27

XV - Ô FEMME MÉNESTREL - 29
XVI – DÉLICIEUSE - 30
XVII – CHANT - 31
XVIII – OISEAUX - 32
XIX – FILEUSE - 33
XX – MER - 34
XXI - LA SIRÈNE - 35
XXII – NUIT - 36
XXIII - LA DÉESSE - 37

XXIV – ARCANE - 38
XXV – LIENS - 39
XXVI – INVINCIBILITÉ - 40
XXVII - D'UNE AURORE À L'AUTRE - 41
XXVIII – ÎLE - 42

ARABELLE - 43

XXIX - LA NATURE OPÉRATOIRE DE L'ESPRIT
Art Poétique - 45
XXX – PURIFICATION - 46
XXXI - L'ANGE - 47
XXXII - LA VIE I - 48
XXXIII - LA VIE II - 49
XXXIV - CRÉATION I - 50
XXXV - CRÉATION II - 51
XXXVI – RENONCEMENT - 52
XXXVII – GERMINATION -53
XXXVIII – CHEMINEMENT - 54
XXXIX – APHELIE -55
XL – ABSCISSE - 56
XLI – ISTHME – 57
XLII – ISIS – 58

Table - 59

*Cristallographie*

# CHOREOR

*Fragment dramatique*

*Cristallographie*

*Cristallographie*

## Personnages

Choreor
Chestez
La déesse Ulée
Agarès, esprit de la terre
Huriel, esprit du ciel
Malar, ange messager
Tala, le firmament
Issa, envie et folie
Algar, il porte le respect
Morea
Diane, méditation
Chœur des dix symboles
Antal
Amana
Illa
Emelka
Etelkra
Ezechiel, force de Dieu
Gast, inculte, stérile
Hendrick
Ilka
Jakol
Illona
Kaatje
Karel
Steven
Tahana
Thecla

*Cristallographie*

## Scènes et mise en scène

*Si l'on veut produire un effet sur scène il convient de placer le Chœur à droite des spectateurs.*

Choreor est le fils du soleil comme dans le rite orphique : « fils de la terre et du ciel étoilé. »

1) Prologue
2) Vaisseau, chant des marins
3) Chaumière, paysan
4) Monologue du Chœur
5) Ulée
6) Taverne de la comtesse
7) Danse des glaives, le porteur de glaive
8) Huriel, le porteur de l'image de Dieu
9) Agarès, l'esprit de la terre
10) Atelier de broderie, chœur des fileuses
11) Jardin
12) Mort d'Huriel
13) Épilogue, perle de lumière, chant, cloche natale.

*Les scènes seront données par les couleurs :*

Noir : Osiris
Blanc : souverain pontife (Huriel)
Rouge : création
Bleu : souffle de vierge
Jaune : soleil
Vert : émeraude de l'apocalypse

Acteur : expression parlée
Danseur : geste pur

Mime : geste parlé
Chanteur : expression vocale pure

Emplacement :

*Au fond, chanteur, à sa droite et à sa gauche au milieu de la scène, danseurs, au premier plan par le centre à droite acteur, mime, danseur, à gauche acteur, mime, danseur.*

Prélude :

13/10/1307, le Maître du Temple est arrêté avec 60 chevaliers
1312 : le pape Clément V abolit l'ordre.

Au fond de la scène, un chevalier de l'Ordre du Temple. Il porte un manteau blanc éclaboussé de sang rouge.
Le soleil se lève, l'horizon est en feu.

Scène du manteau :

Nous sommes dans un couvent de Bavière, un moine appelle et prie.

Choreor, fils de l'aurore, est enveloppé dans un manteau de lumière.

Scène capitale : il meurt à sa vie pour renaître.

*Le cosmos comme l'homme doivent renaître, par le sacrifice de soi. L'esprit est en soi, un vestige à l'état divin, tout ce que notre énergie est incapable de vaincre.*
Monthabor : lieu où le Christ apparaît à ses disciples dans son corps glorieux.
*La sérénité de l'esprit, (Pentecôte) rend le vêtement parfait. Il peut être enflammé par l'esprit, anéanti dans le nirvana.*

*Cet état psychique mortel doit être sanctifié. C'est à l'intérieur de ce manteau qu'il effectue le transfert, transforme le corps en corps de gloire.*

### Le Chœur

L'impétrant doit être porté à la lumière, je le demande, il doit cheminer sans errance !

(Demande de l'adepte devant l'initié.)

### Huriel

(Portant un petit livre blanc, il lit une poésie sur l'Absolu lumineux.)

Choreor accepte l'invitation d'un marchand, prince de l'orient.
Il traverse la scène sur un navire, rencontre un pèlerin et, un marchand qui tente de l'escroquer.

### Salle des colonnes

Pèlerinage, hymne des pèlerins.

Chant de Sophia et des sephirots.

Choreor recueille dans son château de croisés des Templiers.

### Salle du trône

Des chanteurs du chevalier du Cygne.

### Prologue

« *Au commencement, même pas le commencement, il n'y avait ni présence, ni manifestation, ni vacuité ni non manifestation.*

*Le non-être ne peut commencer à être. Tout était submergé par les eaux supérieures, cause première. La possibilité latente de l'être, était non-substance ni essence, mais force, une sorte de substantielle volonté du devenir.*
*L'existence était plongée dans les rêves de la non-existence.*
Notre existence et notre non-existence constituent l'existence divine absolue.
*Alors un désir (la volition) apparut dans le mental cosmique, et c'est de ce pur désir que sortit le germe de toute création. Le verbe s'est fait chair. »*

Sophia apparaît, chante la magnificence du champ divin, voit surgir l'esprit errant sur les eaux.
Sophia sortit du plérôme, arraché à son époux, l'homme esprit qui reste dans la demeure céleste, répandra son esprit. Tous les êtres seront intégrés dans le plérôme.

« *Un dieu n'est pas vivant en nous, nos pérégrinations ne nous permettent de le secourir. L'homme a fondé le sens cosmique.* »

Le chamanisme oriental est plus sensible à l'aspect cosmique et voit dans le symbole la transfiguration eschatologique de l'Univers.
Sous le flux des apparences il y a un substrat mobile. Il n'y a pas de révélation ni essence. Il y a un silence, une attente qui ne peut s'exprimer. Assiste-t-on à la chute de l'esprit dans la matière, non, car la matière est esprit.

Sophia, sagesse éternelle.


« Grande mer son rivage,
Étoile de la mer,
Il n'y a pas d'univers dans la non-matière. »

### Scène du vaisseau

La mer
Le navire avance lentement et se confond avec l'horizon.
Retour de navigation – de coursiers des terres lointaines.

### Chant des marins

Chœur portant le manteau des RC orné d'une rose rouge. Il porte un livre à la Nature oubliée par son père indifférent.
Le Chœur remet le livre.
« *Je ne suis seule, je remets mon âme à Dieu, Dieu fer et souffle.* »
Des eaux mutuelles l'Océan divin, le lotus sur les eaux représentant la vie, la passion.

### Scène du monologue du Choreor

Ansereuge, demeure de Choreor. Il s'agit d'une ferme templière.
Près de lui une servante difforme, Agarès. Elle remet à Choreor un pli cacheté de la déesse Ulée. Elle l'invite à se rendre à son château, le supplie de sa présence.
Il avait demandé au roi la permission de se retirer voulant écrire ses pérégrinations géographiques, car il s'intéresse tant à la flore qu'à la faune, à la science en général, a parcouru le monde, pour combattre l'esclavage.

Méditation au soleil levant.
Hymne au dieu Soleil.

### Scène d'Ulée

L'individu alité par un matin de sexe. Une égarée dans le multiple et le mal. La soif de volupté, la

mort. Elle est l'attrait paranormal, le mal est sa soif, son écorce. Elle s'abîme en soi pour le détruire, non à son profit.
Elle règne sur ses coussins de soie, rit aux éclats, devant un chevalier ; entonne :

*« Ô note beau ténébreux*
*Je t'attendrai étranger,*
*Je suis celle... »,*

Un arrêt car Choreor est entré.
Choreor ne remarque pas la venue de choristes ravissantes et timides qui devant le chevalier chantent et dansent.
Choreor est séduit.
La déesse lui propose de faire taire ses détracteurs, mais elle voudrait en retour son union.
Choreor privilégie la transparence, tout à coup son regard se tourne vers la porte, il se fait un silence. Ulcéré, apparaît Huriel, rayonnant d'apparat, empêchant l'union de la déesse et de Choreor.

### Scène de la taverne

Course folle à travers la nature.
Chevauchée.
L'orage déchaîne l'éclair, les forces de la terre.
À la taverne de la Terka, Choreor demande refuge, il est trempé.
Près de la cheminée, un vieillard veille, Huriel.
Ulée entre (bruit de carrosse dehors).
Choreor est déjà monté dans sa chambre.
Huriel s'interpose.
Elle tente de soudoyer Terka.
Ne pouvant la convaincre, elle fait chercher Choreor par ses sbires,

*« Et ramenez-le-moi ! »*.

Ulée est venue voir Choreor, nue sous sa cape, elle cherche refuge ou elle ? Il est effaré, elle le compromet aux yeux de Chestez.

### Scène de la danse des glaives

Danse cosmique de Shiva, l'archange de lumière, dont le corps mue de passion ondule, manifestant ainsi le rythme cosmique.

### Scène d'Huriel

*« L'homme dort les secrets des opérations de la nature. »*
Dans la nature câline et sereine, endormi dans son manteau rouge sang, Choreor :

*« Rêvé-je ? ».*

Le chœur des séphiroths :

*« Veille sur son sommeil. »*

L'esprit s'élève, sublimant les forces profanes.
Choreor tend ses mains vers la matière, la roche, le minéral, la nature, l'arbre végétal, la lumière, un animal, une colombe, contactant le réel.

Huriel dans son manteau de lumière :

*« L'initiation se fait au sommet des nostalgies, celui qui parvient à briser leurs vapeurs, voit la porte s'ouvrir sur le sable qui nous supplia. »*

La matrice devient esprit.
L'harmonie des sphères célestes, relate les évolutions, le symbole de l'unité fondamentale de l'univers, et de l'esprit et de la matière.

Huriel tourne son épée vers le haut, sacrant dans cette nuit illuminative l'identité de l'homme et de la nature.

Les élémentals se prononcent, le gnome pour la terre, l'ondine pour l'eau, les sylves pour l'air, enfin la salamandre pour le feu.

Quand il se réveillera, Choreor sera seul.

*« Ô lumière, l'infini est le non enfanté ! »*

Rôle de la lumière dans l'animation de la matière vivante. Sauver l'homme de la matière (elle est préexistante comme la lumière).

*« Ô lumière pureté première,*
*Tout est lumière... »*
*« Ô Nature,*
*L'homme emprunte à ses forces, son esprit est surnaturel. »*

L'univers,
L'univers des significations de l'univers sensoriel naît de la violence du choc initial. En expansion, il s'abîme dans un devenir sans direction.

*« Ô univers tu es la seule réalité*
*Tu es l'être de l'être.*
*L'univers réalise soi.*
*Son seul rayon émané de moi produit l'Univers et je suis encore entier. »*

## Scène d'Agarès

Agarès fait danser les esprits de la terre, elle anime le cercle magique, au pied d'un rocher, prend deux graines, les lance sur une roche d'où jaillit un torrent.

## Chant

*« Je suis comme les Konigas, l'esprit de la terre. »*

Le vent se déchaîne, la foule hurle.

> *« Le breuvage sacré*
> *Procure l'oubli,*
> *Je l'apporte,*
> *Buvons-le pour dissoudre l'illusion*
> *Et offrons-le à Choreor !*
> *Bois. »*

Choreor brandit sa lance, les Konigas se taisent.
Huriel dirige la pointe de son épée flamboyante vers les konigas et les fait disparaître.
Agarès, les yeux exorbités, voit le torrent se faire source, la source se faire lac, où s'inscrit Sophia.
Choreor a traversé l'espace. Il l'a aperçu et tenté de la rejoindre mais Ulée se précipite :

> *« Ne me reconnais-tu pas ? »,*

Elle crie, les tambours se taisent, Ulée ricane, défigurée. Entre alors un chœur de jeune fille.

### Scène de l'atelier de broderie

Les jeunes filles sont assises et brodent et chantent une ballade, réminiscence de la mer et des souvenirs d'un chevalier de rêve.

> *« Quel est-ce chevalier ?*
> *Antée reste silencieuse,*
> *Elle a perdu son frère et vit avec sa mère. »*

Les jeunes filles sortent en chantant.

> *« Tu n'as pas d'amoureux, toi,*
> *Chaste songe… »*

Elles sont sorties, chantent :

> *« Ô joie pure dans le silence*
> *Vent m'offrir le jour,*
> *Près de la fontaine,*
> *Du côté de l'ouest. »*

Les filles plaisantent sur la conduite de Choreor à la taverne de la Telka. Chestez s'efforce à le défendre, car l'amour est plus puissant que le mal.

Les jeunes filles sortent en cavalcade. Chestez ne s'intéresse pas à cette cavalcade, elle rejoint Choreor.

Les vierges gardent la lampe pourpre allumée, expression d'une invitation, réunissent les jeunes filles qui chantent en dansant.

### Scène du jardin

Un jardin superbe, l'Éden, où la pierre domine l'ombre d'une cathédrale, où les bassins projettent une lumière bleue.

### Huriel et chœur

> *« L'esprit venait l'esprit*
> *Pour ne pas connaître mais aimer. »*

Huriel disparaît, le chœur :

> *« Seul ? Huriel ou es-tu ?*

Vêtue d'une cape d'éternité, Chestez survient à pas lents. Frémissement des feuillages. Chestez esquisse un mot de surprise.

### Chœur :

« *Ô femme tu es mon épée.* »
(L'épée flamboyante d'Huriel.)

Il étend les bras, elle accourt. Un rayon de lumière.
« *Jaune jasmin, je ne comprends pas. Quelles forces obscures m'ont entraîné hors des limites du vrai. Qui êtes-vous, âme de mon âme, Le plus difficile est de régner dans l'univers avec sa révélation, et vous savez notre dernière révélation ?* »

« *Je te reconnais, tu es le meilleur centre de mon âme, je suis à toi.* »

Révélation de l'amour, identité de la matière et de la lumière, de l'esprit et du corps, de l'âme, est-ce l'enfant ? Tout est multiple, démontrant la relativité des choses. L'amour est la conquête et l'affirmation de l'évolution spirituelle de l'homme.
L'amour c'est l'arbre venant de l'intelligence.
L'amour devient esprit en permettant de transcender.

### Chestez :

« *Je suis Chestez, celle que tu as rendue à elle-même.* »

Le règne de l'esprit s'annonce, car l'esprit est ordre de la nature et souffle.

### Chestez :

« *C'est l'esprit que je vois en moi.* »

Rien n'existe séparément, ni le corps, ni l'âme, que l'amour révèle.

### Choreor :

« *Nous ne faisons donc qu'un.* »

Chestez est la femme, Choreor germe à travers elle, Sophia émane de Dieu, Sophia dont la vision apparaîtra expectatrice, de Choreor déchu, coronalis l'amour.

Lumière, force de la nature, de plus haute réalité, fondement formel de la création, qu'on ne peut sans se détruire renfermer dans son individualité, dont l'amour excelle l'esprit, garde l'intuition supérieure.

## Scène la mort de Huriel

Choreor rencontre un anachorète qui se meurt et le secourt. Il reconnaît Huriel.

L'âme humaine arrivée à sa perfection s'élève comme un ange, elle n'est pas, comme le disent les brahmanes, absorbée dans l'océan de l'anéantissement.
L'objet en la perception de la sagesse n'a pas plus d'existence réelle que le sujet (Bodhisattva), que le Bouddha.
Nous sommes et ne sommes pas.
L'homme est semblable au cygne de la montagne qui après avoir quitté son lac pour les hauteurs, s'en va de flaque en flaque, sans fixer sa demeure nulle part jusqu'au jour où il retourne à sa mare dans les eaux claires de son lac de montagne.

## Huriel :

*« Parenthèse du multiple l'homme est maître de soi. Melchisédech, né à la matière, instruit Choreor à la sagesse, dans la solitude des forêts avenantes. Qu'il accueille le rite du réel, que son être véritable soit son devenir, qu'il serve et non ne règne. Qu'il soit sa propre création dans la sagesse. »*

*« Je rentre dans la nuit, ô Sagesse, ton aile de toute différenciation me délivre des fruits de l'action, de l'illusion de la multiplicité de ce voile (maya) qui nous cache la réalité absolue. »*

Chœur :

« *En la grotte, la réduction du cosmos,
Dans le sanctuaire, tout est sacré.* »

Huriel :

« *Esseulé dans ce monde je retourne à la joie réparatrice de l'exil, renaître au soleil.* »

Le sépulcre abondant son germe, le voit porter sur ses mains quelques brindilles de bois sec.

C'est le sacrifice du « moi ».
L'homme délivré échappe à l'enchaînement causal.

Choreor :

« *De quel pays viens-tu ?* »

Huriel :

« *Les terres du silence
Où l'esprit sans absence
Converge vers le ciel
De l'absolue lumière.
L'homme est ce qui l'absorbe.* »

Choreor :

« *Où est la vérité ?* »

Huriel :

« *Tu ne peux renaître
Sans mourir à toi, vis !* »

Choreor :

« *Qui êtes-vous ?* »

Huriel :

*« Le passant éternel,
Le multiple et l'absent. »*

Choreor :

*« Quel est donc ton trésor ? »*

La lumière se fait violente.

Huriel :

*« C'est la science de la lumière. »*

Choreor :

*« De quelle lumière parles-tu ? »*

Huriel :

*« Il n'y a pas d'endroit plus sublime
Où le soi est lumière,
Quand venue de tous côtés, elle est tout,
Elle absorbe et n'est pas absorbée,
Elle identifie l'être à l'acte. »*

Huriel :

*« Il n'y a pas d'enseignement de la sagesse. Il s'agit d'éveiller et non de fonder et d'éduquer.
L'ordre est silence.
Identité de l'identité et de la non-identité, il convient de remplir sa pensée de l'Absolu, purifier l'être de ses illusions.
L'aube spirituelle de la Vie dans le champ de Dieu mérite toute la lumière et devient lumière.
Quand le scarabée sacré a œuvré, pour sa future génération, il s'abandonne à la mort dans une sorte de respiration, renaissant perpétuellement l'amont.*

*Tout est périssable.*
*Luttez sans relâche.*
*Allez aider votre prochain, d'abord le mettre debout puis le rectifier afin qu'il retrouve le sens de la vraie vie de l'esprit. »*

Choreor :

« *Donnez-moi un rayon de votre sagesse.* »

Huriel :

« *Que ton vœu soit exaucé !* »

Il meurt en le bénissant.

Scène finale

Les hordes de barbares ont détruit la ferme de Choreor.
Agarès danse.

Le chœur :

« *Épée flamboyante, rayonne pour Huriel.* »

Sous une brume de soleil on enterre le personnage.

« *Car si la terre est déchirée,*
*L'espérance refleurira.* »

Choreor :

« *Il faudra reconstruire la ville bleue,*
*À mon rêve il manquait quelque chose,*
*Est-ce l'arme du destin ?*
*Prélude à cette nuit majeure,*
*Je suis la vie que je croyais perdue.*
*Je te suivrais partout où tu iras.*
*Mon conducteur et moi te dispenserons le bonheur.* »

Un homme demande l'aumône, se place entre Sophia et Huriel, c'est l'esprit. Un chant floral s'élève, un hymne à Dieu.

Le chœur se place en demi-cercle, en croix, non pour le symbole de la crucifixion, mais de la génération et dans le ciel apparaît une rosace de lumière.

Fin

*Cristallographie*

*Cristallographie*

# DE LA LITTÉRATURE

*Conférence*

*Cristallographie*

Le mot « littérature » apparaît dans notre langue vers 1119, chez PH. DE THAON, au sens de caractère d'écriture d'alphabet.
Mais la littérature en tant que manifestation de la créativité humaine surgit vers -2500 lorsque les livres sont écrits sur du papyrus.
Ces livres sont à l'origine des textes sacrés qui sont conservés dans les temples.

La littérature se constituera indépendamment des spéculations religieuses et l'on peut situer vers -1700 la rédaction, d'origine inconnue, en langue akkadienne du poème d'ATRA-HASIS, comportant 1250 vers et qui offre de nombreuses similitudes avec le récit du déluge en sumérien et l'épopée de Gilgamesh.

Je ne m'étendrai pas sur l'histoire de la littérature.

À une époque où l'on parle beaucoup de sociologie de la littérature, de littérature comparée, de critique structurale de la littérature, il est navrant de constater que nous n'avons pas édifié une théorie de la littérature – au sens noble où l'entendaient les romantiques allemands – SCHLEGEL.

VALERY en avait pressenti la nécessité lorsqu'il écrivait (VARIÉTÉ IV), la littérature « s'efforce de retrouver une sorte de synthèse, la plénitude, l'indivision de la parole encore neuve et dans son état créateur. »

Comment le langage véhiculant un message peut-il devenir œuvre d'art ? Cette question a été mise en évidence dans les ouvrages de R. JAKOBSON, mais je ne m'y attarderai pas.

Dans le champ de la littérature, j'ai choisi comme exemple la poésie.

La poésie – ce mot vient du grec « poieîn » (faire, créer).
Qu'emprunte-t-elle à la tradition ?
Quel est son apport à la tradition ?
Quelles voies singulières a-t-elle proposées ?
Quelle est la nature de l'opération poétique ?
La Poésie, exercice spirituel ?
Autant de questions qui peuvent être posées.
Je résumerai ma pensée en une proposition :
Toute œuvre d'art est le fruit d'une vision et un corollaire : l'expérience poétique relève de la voyance.

La poésie magnifie cette vision par la parole.
Alors que le mystique s'abandonne au silence, à la vacuité, le poète s'immerge dans le DIRE.
Dire l'essentiel, le non substantiel, l'incommunicable.
Est-ce « le réel absolu » dont parle NOVALIS ?
SAINT-JOHN PERSE affirme : c'en est « la plus proche appréhension ».
Je partage ce point de vue.

L'homme a perdu le sens de la parole.
Sous les vocables de sciences des significations, sémantique, noologie, il la pourchasse inlassablement sans l'étreindre.
La parole porte les lois, les prophètes, les messies, les bodhisattvas.
Mais qu'en est-il de la parole, cette « brûlure de l'âme » selon le poète arabe. Nous avons codifié les langages, nous avons perdu le sens de la parole.

Nous sommes submergés par les discours, et quel discours authentique est possible ?

Les maîtres du temps : SOCRATE, BOUDDHA, CHRIST, n'ont point écrit. Nous avons recueilli leurs paroles.
La parole est sacrée et le verbe recèle la présence d'un Dieu. La pensée est devenue prière. Le poète a réinventé la parole. La parole proférée est devenue poème.
Devançant SAINT JEAN, HERACLITE écrivait :
« Toutes choses paraissent se faire suivant le verbe. »
La poésie jaillit comme expérience de la réalité. Elle devient ce que MAÎTRE ECKHART appelle :
« La parole du cœur ».

Dans cette perspective, je distinguerai quatre grands courants dans la poésie universelle :

L'orphisme
L'hermétisme
L'angélisme
L'alexandrinisme

Je ne retiendrai que la poésie française et l'alexandrinisme.

Permettez-moi d'en fixer le point de départ historique.
Pendant la conquête d'Égypte « la terre de Zeus » (ESCHYLE) par ALEXANDRE LE GRAND, cet homme pétri d'argile et de feu, dont la pensée embrassait l'universel, vit en songe HOMÈRE, lui désignant le site où devait être édifiée la première des seize ALEXANDRIES : ALEXANDRIE « éternellement mémorable ». (PSEUDO CALLISTHENE).
ALEXANDRIE dont la bibliothèque fut pillée, brûlée, reconstituée, assura la primauté du génie grec dans

le bassin méditerranéen et l'Orient, jusqu'à la conquête arabe en +642, soit près d'un millénaire.

À la base de la prééminence grecque : la constitution d'un nouveau langage par la fusion du dialecte macédonien avec les autres dialectes grecs, la circulation des élites et le rassemblement dans ALEXANDRIE de toutes les créations du génie humain.

Je ne risquerai pas une définition de l'alexandrinisme, notion purement littéraire fondée sur le concept d'union de l'art et de la science, mais je dirai quels sont les caractères de l'alexandrin.

Il se distingue par un esprit de novation – opposé au misonéisme (ennemi de la nouveauté). Il découvre des voies nouvelles et enrichit la tradition. Il est ouvert à toutes les cultures – universalité de la culture telle que l'a définie GOETHE. À noter que l'universalité n'est pas l'universalisme. Enfin, il se définit par rapport à de nouvelles valeurs (judéo-grecque, néo hellénistique, chrétienne).

Les poètes qui se disent modernes, à Rome (poetas novi) sont avant tout des alexandrins, puis les cicéroniens de la Renaissance, les Classiques, les Romantiques, les Symbolistes.

Le poète alexandrin a pour règle :
La perfection des sons, des formes et des rythmes
La subtilité du style
L'érudition
La recherche des allégories
Le sens du cosmique.

À titre d'exemple, je citerai pour terminer quelques vers que je ne résiste pas au plaisir de vous lire.

Tout d'abord RONSARD :

> « Certes, si je n'avais une certaine foi,
> Que Dieu par son esprit de grâce a mis en moi,

*Cristallographie*

> Voyant la Chrétienté n'être plus que risée,
> J'aurais honte d'avoir la tête baptisée,
> Je me repentirais d'avoir été Chrétien...
>
> Et comme les premiers, je deviendrai payen.
> La nuit, j'adorerais les rayons de la lune,
> Au matin, le soleil, la lumière commune,
> L'œil du monde ; et si Dieu au chef porte ses yeux,
> Les rayons du soleil sont ses yeux radieux.
>
> Qui donnent vie à tous, nous conservent et nous gardent,
> Et les faits des humains en ce monde regardent.
>
> ...
>
> J'adorerais Cérès qui les blés nous apporte
> Et Bacchus qui le cœur des hommes réconforte,
> Neptune le séjour des vents et des vaisseaux,
> Les Faunes et les Pans et les nymphes des eaux,
> Et la terre hôpital de toute créature,
> Et ces dieux que l'ons ait ministres de nature. »

MAURICE SCEVE, dit l'obscur :

> « Ne vois-tu, ô Adam, que ton Dieu se dispose
> À travailler en toi, comme en soi il repose. »

Le plus philosophe des penseurs, DESCARTES, ne disait-il pas que les poètes font jaillir par l'imagination « des semences de savoir ».

Et le plus prosateur des littérateurs, DIDEROT, ne recommandait-il pas aux poètes de « parler sans cesse d'éternité ».

CHENIER
Un des plus grands alexandrins de notre littérature clamait aux poètes :

> « Sur des pensers nouveaux faisons des vers mystiques. »

Et sondant le mystère de l'homme :

> « L'âme remontant à sa grande origine
> Sent qu'elle est une part de l'essence divine ».

## GÉRARD DE NERVAL

Constatait après une quête tragique :
Qu'à « la matière un verbe est attaché »
Et qu'un « pur esprit s'accroît sous l'écorce des pierres ».
NERVAL, notait GIROUDOUX, nous donne « une leçon suprême de poésie ».

## BAUDELAIRE

S'embarquait sur « la mer des tempêtes »
Et se précipitait « au fond de l'Inconnu pour chercher le nouveau ».
Puis lançait ce cri d'espérance au monde : « Tu m'as donné ta boue et j'en ai fait de l'or ».

## RIMBAUD

Écrivait : « toute poésie antique aboutit à la poésie grecque ». Et au fond, ajoutait-il, « mes propres créations ne seraient-elles pas un peu de poésie grecque ».

## SAINT-POL-ROUX

Le poète prométhéen qui reste à découvrir, renchérissait : par la forme « le poète s'affirme démiurge ».
Il recommandait aux poètes de l'avenir : « de prendre le Verbe à la source originelle » et de le faire entrer dans l'histoire.

Le poète puise ses sources dans le symbolisme universel. Réconciliant les valeurs essentielles, la pratique de la poésie est bien un exercice spirituel fondamental qui révèle les métamorphoses de l'être au cours de son errance et de ses voyages initiatiques.

Je ne saurai conclure sans évoquer la mémoire d'ANTONIO COEN dont l'œuvre magistrale : « DANTE ET LE CONTENU INITIATIQUE DE LA VITA NUOVA » a été déterminante sur ma pensée et sans laquelle n'aurait été rédigé ce texte.

*Cristallographie*

*Cristallographie*

# CANDE

*Nouvelle*

*Cristallographie*

Fabienne, les yeux baignés de larmes, regarde s'éloigner le navire.
Elle s'immobilise un instant puis se retourne brusquement.
- Oui, dit-elle, elle est partie. Reviendra-t-elle. Cande cherchera-t-il à la voir ?
Peu après un silence : « cela est sans importance ».
Cande retenait son souffle, debout face à la baie grande ouverte. Un parfum irritant irradiait l'atmosphère. Fabienne se redressa et s'élançant vers Cande : « Tu étais là. »
Se redressant vers elle, et serrant ses mains brûlantes :
- Je savais que tu viendrais.
- Alors tu m'attendais, dit-elle.
- Non, je le savais. Ne m'as-tu pas joint. À ce moment tu surgis, ton être se fond en devenir, tu t'identifies à ce que tu crois. Mais je ne t'ai pas appelée.
- Une coïncidence, murmura Fabienne.
- L'être coïncide toujours avec le Devenir. Tu nommes cela le destin.
- « Elle » dévorait ton être et j'ai voulu te sauver de toi-même, « elle » dévorait ton esprit et tu as découvert que tu étais seul. Ce besoin insatiable d'explication te tourmente et des rênes te liaient à « elle ».
- Mes recherches actuelles ne me permettent pas d'épiloguer sur cette affaire. Je repars à zéro. Écoute les chants lointains des navires en détresse ?

- Le silence est parfois effusion et contemplation.
Fabienne s'éloigna de Cande.
- À quel résultat positif es-tu parvenu ? lui demanda-t-elle.
Cande se rapprocha de Fabienne.
- Asseyons-nous, écoute, dit-il « Au commencement était l'Absolu ». J'ai formulé les structures mais la science n'est pas le pouvoir primordial.
- J'osai espérer que la nature te détacherait progressivement du savoir spéculatif.
Fabienne voit la feuille sous l'arbre ruisselant, son vertige est silence.
- Cande c'est ce qui nous reste, que nous aimions ce professeur.
- Fabienne, la feuille elle-même en se détachant illumine le ciel.
- Cande, je repartirai ce soir. Accepterais-tu de m'accompagner ?
- Oui Fabienne.
Cande insensiblement sourit, Fabienne s'esquiva frêle mais hautaine.

*

- ... Tels sont Karl, Berthold et Marjory, ce dernier moins sensible que ceux-là.
- Des ascètes. L'ascèse scientifique orientant la vie affective vers les sommets de l'esprit. L'ascèse postule-t-elle l'inaccessible, comment Cande peux-tu admettre...
- J'existe, répliqua Cande, j'ai vécu trop longtemps cloîtré et brusquement le voile s'est déchiré me montrant l'ordre des choses. L'être est conscience, mais la conscience est dépassée. La connaissance entraîne son dépassement.
- Être, tu n'agis qu'en profondeur. À quoi cela te sert-il ? J'attendais, impatiente, l'œuvre dont tu m'as entretenu il y a si longtemps...

- Les pouvoirs de la technique constituent le fondement de notre société. L'action régulatrice de la raison s'exerce indifféremment pour le bien de l'homme et contre l'homme, mais pour le bien de l'humanité vivante.
- L'ascèse est-elle le refus de participation ?
- L'automatisme des foules saisit l'homme figé dans l'indélébile matière, tout ce qui était essence devient matière, et la matière dit-on se spiritualise, quelle aberration ! J'ai conçu le plan d'une éthique dont j'ai expérimenté les principes. Ceci n'a de valeur que sur le plan individuel. Ce que vous me reprochez, c'est mon obsession personnelle du silence. Écoute, la fleur palpite, tout germe sous l'enveloppe du silence matériel, l'éclosion des bourgeons suspend la nature au rythme du silence éternel.
- Je ne comprends pas, tu vis en marge de la société.
- Gart, la société rejette par tous les moyens dont elle dispose, les corps étrangers qui risquent de paralyser son action. Ce n'est pas l'idéologie qu'elle redoute mais la démystification.
- Quand m'exposeras-tu ce plan de tes découvertes ? Viendras-tu au cercle ce soir ?
- J'y serais Gart. Fabienne est repartie hier soir. Elle ne m'a pas parlé de toi.
- Oh rassure-toi Cande ! À ce soir ...

*

Dans la grande salle des colonnes, plongée dans une demi-obscurité, Maresca, Sagdiane, Karel, Bethold et Marjory rient aux éclats.
De la grande baie parviennent les feux et les échos tumultueux de la ville nocturne.

- Ainsi nous demeurâmes jusqu'au matin et lorsque Karel vint nous surprendre, dit Maresca.

- Je découvrais que ces demoiselles nous avaient leurrés, surenchérit Karel.
- Tu ne dis mot Sagdiane, dit Maresca, quelle est triste ma chérie.
- Les cieux pleins d'étoiles m'enivrent, soupira Sagdiane.
- Tu me rappelles ce jardinier de printemps qui recueillait la sève de l'azur des étoiles. Il nourrit l'adoration, enchaîna Berthold.
- Que toutes ces pensées me délivrent des souffles du mal, s'exclama Marjory.
- J'ai une surprise à vous faire. Devinez qui nous vient visiter ? dit Karel
- Fabienne ? s'interrogea Mareska
- Fabienne, surenchérit Berthold.
- Comment, tu ne le savais pas, dit Marjory.
- J'avais oublié, dit-il.
- Cande je l'espère, nous démontrera l'exactitude de ses prévisions. L'involution du monde humain, le remplacement de la pensée dans l'ordre matériel par un complexe nerveux, l'intégration systématique de tous les modes de spiritualité au sein d'une société fermée de type collectiviste.
Je partage entièrement ses considérations et je suis absolument enclin à défendre le caractère éminemment sacré de la liberté de la personne humaine, conclue Berthold.
- Que pensez-vous, Mesdemoiselles, de cette profession de foi, demanda Marjory.
- Combien superflue. L'homme seul évolue mais l'évolution se fait intérieurement, répliqua Maresca.
- L'intériorité première, renchérit Karel.
- Le progrès, l'évolution, illusion, réalité, soupira Sadgiane.
- Je m'insurge contre toute morale et je prétends que notre civilisation s'effrite au profit du collectif. La collectivité prime l'individu, synthétisa Karel.
- Vous souffrez Messieurs de propension à l'idéal absolu. J'en suis navrée. Je ne comprends pas très

bien d'ailleurs la signification ou tout au moins la portée de telles idées, dit Marjory.
- Quelle conduite précisément as-tu ? interrogea Berthold.
- La pensée est sans utilité réelle, dit Marjory. Seule importe l'étude, L'art de se bien gouverner consiste à mettre de l'ordre en soi et autour de soi, donc de surcroît dans la société. Je m'efforcerai de perfectionner mes instruments de connaissance afin de pouvoir agir sur le monde extérieur.
- Toute action, reprit Karel, sur le monde extérieur est factice. Seul importe l'adaptabilité de l'être au milieu ambiant. Je conformerai ma vie à mes paroles.
- Sagdiane, ma chérie, demanda Maresca.
Elle part vers le piano et elle joue.
- La musique établit une médiation entre ce que l'homme découvre hors de soi et en soi, dit Berthold.
- Qu'est ce qui peut combler l'univers intérieur ? La musique divine, l'instant, renchérit Karel.
- La musique n'est qu'une vibration réorganisée, conclue Marjory.
Sagdiane s'arrête un instant de jouer et murmure en fermant les yeux :
- La musique divine de l'instant, comme tu as dit cela Karel.
- Joue Sagdiane, ne t'interrompt pas lui demanda ce dernier.
La porte s'entrouvre, Fabienne, Gart et Cande entrent sur la pointe des pieds.
- Ne vous interrompez-pas, dit Fabienne.
Ils s'installent.
- J'ai admiré le 3e chapitre de ton traité, dit Berthold en se rapprochant de Cande.
- Berthold, vous ne perdez jamais votre temps. Quand penserez-vous par vous-même ? interrogea Fabienne.
- Fabienne, l'œuvre de Cande m'a beaucoup apporté à moi-même, répliqua Berthold.

- Vous ne me ferez pas croire cela, lui répondit Fabienne en riant aux éclats.
- Sagdiane, demanda Cande, voudriez-vous interpréter la mélodie de Karel ?
- Non, je vous en prie, non, dit Karel.
- Comme tu es timide Karel, je ne le pensais pas, dit Cande, puis s'adressant à Maresca, oh ! Maresca, nous vous délaissons, venez près de moi, j'ai une confidence à vous faire.
- Vous savez Cande, dit Marjory en s'en rapprochant, nous avons beaucoup de difficulté à surmonter. Maresca n'a pas terminé ses études et je suis actuellement très prise par cette thèse. Vous ne me tiendrez pas rigueur je l'espère de notre silence. Il y a aussi une autre raison, je vous l'avoue.
- Je vous comprends, dit Cande, toutes les deux. J'aime votre amitié.
- Marjory et Maresca, vous ne nous avez jamais parlé de votre pays, dit Fabienne, vous avez dû avoir beaucoup de chagrin.
- Je n'ai jamais cessé de penser à mes tendres forêts succédant aux forêts, au gentil oiselet qui picorait sur mes mains et à mes vieux parents lointains sur le seuil de la vaste, ô combien, vaste maison, dit Maresca.
- J'ai pleuré comme l'enfant et j'ai rejeté cette idée, je me suis offerte à la vie, Maresca m'a toujours comprise, n'est ce pas Maresca ? Interrogea Marjory.
- Les arbres préparent déjà l'ombre du matin triomphant de notre retour, répondit Mascara.
- Pourquoi nous quitter déjà ? interrogea Sagdiane.
- Maresca et Marjory présenteront leur thèse, puis seulement elles partiront, dit Cande.
- Connaîtrais-je le jour profond du retour, ou le déchirement ? s'interrogea Fabienne.
- Avez-vous reçu des nouvelles aujourd'hui ? Interrogea Karel
- Non, dit sèchement Fabienne.

- A-t-elle laissé un message, un adieu ? demanda Karel.
- Peut-être, répondit Fabienne, évasivement.
- Comment ? Tu ne m'avais pas tout dit, répliqua Cande en s'avançant vers Fabienne.
- Gart, pourquoi demeurer ainsi silencieux ? interrogea Fabienne.
- Toute pensée, Gart, investit le silence et sa proie est lumière, émit Cande.
- L'ordre, l'obsession de l'ordre naturel, un curatif, répondit Gart.
- Le mot, le mot insupportable ordonne l'univers et ce que tu nommes l'ordre n'est que le mot perpétuel, dit Marjory.
- Ainsi l'univers se réduit-il à l'ultime mot, émit Gart.
- Tout mot supporte une impulsion initiale, répliqua Cande.
- Dans tout cela, je ne vois pas le commencement, affirma Karel.
- Cande, ne m'avez-vous pas écrit qu'au commencement était le définissable ? interrogea Gart.
- Si nous sortions un peu, dit Maresca en s'adressant aux jeunes filles, ces messieurs pourraient poursuivre leurs entretiens.
Elles sortent.

*

- Messieurs, nous avons tort de nous intéresser qu'à nous-mêmes. Nous sommes bien égoïstes, et ces merveilles nous en font le délicieux reproche, dit Karel.
- À quand votre prochaine mélodie Karel ? Faites-nous part de sa venue, demanda Berthold.
- J'ai achevé mes symphonies, répondit Karel.
- La musique ! s'exclama Cande.
- Votre texte m'a inspiré les deux derniers morceaux, lui répondit Karel.
- À quand la première ? demanda Berthold.

Karel se rend au piano et joue. Tous applaudissent.

*

Cande, seul, relit son texte :
« L'homme n'est pas une entité séparée de l'univers et il n'y a de valeur que spirituelle. L'homme qui a su vaincre ses passions et sait soumettre sa volonté à Dieu ne compte que sur soi et sa propre énergie. La pensée renouvelle les perspectives de notre être. La primauté des activités humaines d'ordre scientifique et technique dans la civilisation occidentale s'oppose mémorablement aux progrès de l'esprit. Toutefois l'apport des orientations orientales accroît l'espérance de l'avènement d'un type d'homme nouveau dont les structures mentales par séries de mutations s'édifient dans le vertige et dans la joie. L'homme contemple le visage de l'humanité identifié à soi-même. Les solitudes constellées des sables et des temples de l'orient sont les âmes solennelles d'où l'homme rejaillira, triomphant. L'homme ainsi s'efforcera par le rayonnement de révéler et d'intégrer l'esprit humain. »

*

- Comment le trouvez-vous, Sagdiane ? demande Fabienne.
- De qui parlez-vous ? interroge Sagdiane.
- De Cande, dit Fabienne.
- Cande crée et suscite une immense amitié. Peut-être l'amitié est-elle lien à moins qu'elle soit désir, répond Sadgiane.
- Vous vous égarez, Cande est un tempérament, surenchérit Fabienne.
- Il est merveilleux. Cande ne s'intéresse qu'à l'absolu, mais sa vie est dévorée par le matériel. Son attitude est lutte. Tout ceci est à l'origine de ses difficultés sociales, réplique Maresca.

- Les ruisseaux de l'esprit doivent être freinés par la connaissance du réel, affirme Fabienne.
- L'équilibre se crée à partir d'une réunion dominée, émet Sagdiane.
- Cette perpétuelle réunion entre l'état de rêve et de représentation intellectuelle est elle-même rupture, dit Fabienne.
- Rupture avec le monde social, pose Maresca.
- L'art est une construction ... émet Sagdiane.
- Ce n'est pas un moyen de communication, réplique Fabienne.
- C'est un moyen de prendre connaissance de l'homme individuel par l'homme collectif, pose Maresca.
- L'art de Cande implique l'esprit. Au commencement était l'esprit, qui à la fin sera esprit, dit Sagdiane.
- Ce que nous ne comprenons pas, c'est l'art pour l'art. Langage ou don. L'homme communique et restitue à l'univers sa vision du monde intérieur, pose Maresca.
- L'abstraction Candienne ! Est socle de création continue qui permet à l'être de sortir de sa spéculation pour toucher l'émerveillement, dit Sagdiane.
- Et, à quoi cela sert-il ? demande Fabienne.
- L'art considéré comme moyen d'ascèse et de délivrance, émet Maresca.
- La Voie du salut ? interroge Fabienne.
- La voie même de la spiritualité délivre de toute obsession artistique celui qui crée et non se crée lui-même, pose Sagdiane.
- Et si l'art était une réconciliation de l'homme individuel avec l'homme collectif, par le langage ? interroge Maresca.
- Illusion ! Jouer, c'est l'action amoureuse d'être. Cette déclaration de Cande ne constitue-t-elle pas l'accusation la plus grave ? Interroge Fabienne.
- Vous vous emportez, Fabienne ! s'exclame Maresca.

- Votre hostilité vous aveugle Fabienne. Prenez garde, prenez garde Fabienne, la soif créée l'oasis, le refuge. Cande veut vivre sa pensée et acceptera sans résignation mais avec un indomptable courage toutes les difficultés dussent-elles vous paraître puériles, fait remarquer Sagdiane.
- Vaines sont les apparences, et peut-être ne sont que fol orgueil, réplique Fabienne.
- C'est parce qu'il a renoncé à vivre normalement qu'il est seul, exprime Sagdiane.
- Solitude ou indépendance. L'homme ne peut renoncer à la communauté humaine mais il rejette l'hypocrisie. Je fonde que les prétendus rapports entre les hommes ne sont pas basés sur la sincérité, ne vous en déplaise ! dit Maresca.
- Que vaut l'esprit détaché de l'arbre ? Interroge Fabienne.
- Le fruit ne vaut que par la graine qu'il renferme. Sous les vents ondoyants la graine fertilise le soleil, répond Sagdiane.
- Il ne connaît même pas sa famille, il n'a su s'intégrer à aucun système, pour tous il est un errant ! Reprends Fabienne.
- Parce qu'il les transcende tous, les ayant démystifiés, il les a rejetés, explique Sadgiane.
- Chacun sa foi dit-il, expose Maresca.
- Et sa loi. Connait-il une loi ? Interroge Fabienne.
- Belle réplique, dit Maresca.
- La religion est la forme terminale de toute illusion. Il faut changer sa vie pour changer celle des autres. La vie orientée par la pensée souffre de l'effacement complet de soi, un effacement qui n'est pas une désertion mais le recueillement nécessaire à toute création, pose Sagdiane.
- La prière serait une action selon vous ? interroge Fabienne.
- La vie est-elle une prière, une offrande, un abandon ? interroge Maresca.
- L'holocauste. À propos, Maresca, je serais si désireuse de vous revoir. Me ferez-vous l'honneur

d'accepter mon invitation. Marjory sera des nôtres, je l'espère. À Bientôt, déclare Fabienne en sortant.
- Elle est étrange, sans fards et pourtant il y a au fond de son répond une inquiétude qui semble la rattacher à la vie, constate Sagdiane.
- L'oubli peut-être sillonne ses veines. Son être semble s'accroître de savoir et non de l'esprit, qu'elle repousse... constate Maresca.
- L'esprit l'entraîne au monde moderne, émet Sagdiane.
- L'esprit est savoir, ordre de rébellion contre soi-même, ensuite contre la simulation de l'ordre et de l'ordre dit particulier, enchaîne Maresca.
- Maresca, vous parlez comme un certain maître d'illusions, dit Sagdiane.
- Vous nous faites souffrir, vous savez combien nous admirons Cande, remarque Maresca.
- Marjory ? interroge Sagdiane.
- Marjory et moi-même ne faisons plus qu'un et ce que prouve cela, c'est la profusion, le délivrement, l'envahissement par le cœur, réponds Maresca.
- Pourquoi sondez-vous le corps et l'esprit ? interroge Sagdiane.
- Subtilité de la dialectique ou réalité ? Je plaisante, tout cela n'est jeu que de l'ange et non de l'esprit. Un langage fermement élaboré dans les fibres les plus internes de notre système nerveux, répond Maresca.
- Je croyais entendre Cande, dit Sagdiane.
- Cande est de nous tous celui qui sait seul où il va, enchaîne Maresca.
- Égaré dans la violence de la méthode ou de la plénitude de l'être, Cande ne nous abandonne pas ! s'exclame Sagdiane.

*

Au retour de son voyage, elle lui confia qu'elle attendait un enfant.

- Enfin, un enfant de toi ! Je l'espérais violemment. Je sais la difficulté de la vie, nous allons tenter une éclaircie : notre enfant.

Elle retenait mon souffle.

- Comment cela ...

Il prit ses mains brûlantes : le soleil haletait, la vitre flamboyait et les galets sur le lac aux eaux pures croulaient sous ses avalanches.
Des chants primitifs et mélodieux s'élevaient de la mer, venus de barques légères où des marins hâtifs regardaient s'éclipser la terre nostalgique.
Debout, ils appelaient désespérément :

- Dieu d'Israël, secourez-nous !

L'inclination lente de leurs barques fragiles épousait les flots...

*Cristallographie*

# POINTS DE REPÈRE

*Notes de lecture et réflexions*

« Quantum lenta solent inter viburna cupressi »
(Autant que les cyprès parmi les viornes flexibles)

*Cristallographie*

**1991**

13 juin

Après trois ans de réflexion, et en toute conscience, j'ai terminé ce jour la destruction par le feu de trente-sept mille trois cent soixante-quatorze feuillets de mon œuvre écrite, Ce travail a duré 11 jours et a vu disparaître 50 années d'études et de méditation (1939-1991)

**1993**

Transmis mon ouvrage SCHEMES (1 à 6), METAPOLITIQUE (7), L'ORDRE SPECULATIF ET LE CONCEPT DE SCIENCE (6 Plus 1) en 22 parties pour publication en 2029 ainsi qu'ULBADINI.

**1994**

4 Mai, 65 ans

Je tenterai la chronique d'une physique de l'esprit (comme l'on dit « l'esprit de la physique »).
La physique serait le macrocosme L'UNIVERS et l'esprit son alter ego L'HOMME.
L'énigme de la création : rythme, pulsation, mouvement, espace-temps DIEU.
Nous sommes frappés (ondes) en permanence.

6 mai

E. Bahier pose le problème de Perelman sur la rhétorique au niveau pratique.
Concrètement, la philosophie manque d'adhérents et de public. Rhétorique et philosophe « n'ont que de mauvais rapports ».

16 mai

Il y aurait une correspondance entre Voltaire et Boscovitch. Je ne la possède pas, je vérifierais toutefois.
Il y a bien la philosophie et Spinoza. Mais peut-être pourrait-on le dire de tous les autres philosophes : Cankara, Eckhart, Fichte, Bergson...

19 mai

La tendance, la persévérance, dans la recherche de l'équilibre est une constante créatrice de Goethe.
René Huyghe, l'esthéticien, rappelle cette formule à propos du rationnel et du sensible dans l'art. Voir Piero Della Francesca et Alberti. Revoir Léonard de Vinci.
Otto L. Loebeu (1786-1825) (Isodorus Orientalis, pseudonyme dont il usa) fut un ami de Novalis. Les feuillets du carnet de route d'un pèlerin méditatif (1808) sont remarquables.

25 mai

Travailler sur temps et mémoire. Revoir les textes taoïstes.
« Le Tao qui peut être nommé n'est pas le Tao ».
Tao = Voie.
Hypothèse de travail : si le Tao peut être interprété comme non voie :
Calculer la position de la terre par rapport à quoi ? Puisque tout est mouvement et que notre système solaire se déplace à grande vitesse vers...

Chercher le chemin n'a aucun sens sur le plan métaphysique.
Voie, vision, tenter un rapprochement, une esquisse de rapprochement ultérieurement.
Voie, repère, situer l'angoisse existentielle de l'homme. Erreur, l'homme ne risque-t-il pas de tourner en rond ? À moins que cela ne soit la danse cosmique de Shiva.
Le Christianisme a théologisé les finalités :
« Je suis la Voie, la Vérité, la Vie ».
L'errance humaine et la finalité cosmique, les fins dernières, la finalité, l'eschatologie, cause finale, fins dernières, fin du monde...

27 mai

L'essentiel est peu de chose.

28 mai

Lu Fichte, les deux introductions à la doctrine de la science, textes fondamentaux de 1797 ; il y aura bientôt deux siècles. J'en ferai les commentaires ultérieurement. À partir de la théorie de 1794.

29 mai

Voie moyenne, simplicité, humilité, silence.

30 mai

Travail, Fichte et Spinoza.
Spinoza : les convergences sur le problème de la connaissance du troisième genre. (Voir Spinoza « Court traité Chapitre II ») « elle s'acquiert non par une conviction née de raisonnements, mais par le sentiment et la jouissance de la chose elle-même. »
Fichte : pour Fichte, « le but dernier de l'homme est d'arriver à la vie éternelle, à la possession de cette vie, en soi-même, à partir de soi-même, ainsi qu'à la

joie et la béatitude qui l'accompagnent. » (Théorie de la science 1804, conférence 25 Ed Médicus)

31 mai

Approfondissement des notes sur la connaissance (voir aussi intuition et Bergson).

1 juin

L'œuvre philosophique de Fichte est un système fermé. Voir les œuvres plus accessibles :
La destination de l'homme
Initiation à la vie bienheureuse 1806
Discours à la Nation allemande 1807
Plus les introductions de Gueroult.

Pourquoi évoquai-je ce soir la mémoire d'Armel Guerne ? Peut-être parce que l'écrit « marque un souci de se rapprocher de son ex-disciple Shelley avec le Traité de la Vie bienheureuse ». Un appel, un signe ou coïncidence singulière. Hausmann « a défendu l'inspiration contre les règles en littérature ». Voir ses méditations bibliques (Journal d'un Chrétien) de 1758.

22 juin

L'esprit pratique ne manque pas seulement à nos philosophes mais à nos entrepreneurs : quelles plantes sont incompatibles entre-elles dans un jardin, sous quel nom est connue telle plante (le nom varie selon les régions).
Le professeur Wahsman à qui je dois la vie, a plus fait pour l'humanité que nos philosophes de l'en-soi...pour-soi.
Le pragmatisme est plus séduisant que l'idéalisme, le formalisme verbal, les spéculations sur l'inaccessible et les théories des systèmes fermés.
Spinoza ne taillait-il pas des verres de lunettes ?

Nos philosophes mondains, ou porte-parole des idéologies et des politiciens, ont ravalé la philosophie au rang de porte-serviettes.
Je m'aperçois que ces notes, ce carnet de notes ou digressions n'ont aucun intérêt, elles focalisent en permanence le « moi », or je ne puis m'y résoudre.
Peut-être concevoir un carnet d'études, travail, réflexion sur quelques thèmes fondamentaux (en fonction de quels critères et pour quelle fin ?)
Réfléchir sur Palladio, architecte, sur la Villa Rotonda à Vicence.
S'efforcer de tenir jusqu'au 25 juin soit un mois cette chronique journalière puis décider si je poursuis ou change d'orientation.

4 juin

J'ai réfléchi aux problèmes que pose la philosophie – à son vocabulaire (proche d'une désarticulation du langage), à ses effets discriminatoires (j'ai raison, tu as tort, etc...) à l'esprit de système qu'elle engendre (dans la majorité des cas).
Il y a une certitude :
Je m'intéresse davantage aux études portant sur la connaissance, la conscience, la création.
Privilégier les secteurs : religion, mystique, théodicée.
Programme à rédiger.

6 juin

Je ne vois pas la nécessité de rédiger sous une forme chronologique mais plutôt sous forme d'études.
L'œuvre d'art est intemporelle (harmonies vespérales).
Les notes, les plans, les projets, les programmes sont des moyens simples d'organiser son travail.
Voir Saint Anselme - ce grand penseur fut réfuté par Saint Thomas.

7 juin

Comme me disait B. Abbé, « qu'est ce qui est essentiel ? »
La souffrance est universelle et s'étend à tous les règnes, humain, animal, végétal ? Minéral ? Face à la douleur, l'animal est profondément silencieux.
Les chroniques journalières relèvent de la littérature ou de l'histoire (journal des bourgeois de Calais).
Une nouvelle chronique des événements à venir.

8 juin

Aristote, Saint Thomas, Spinoza, Bergson « ce n'est que par une conversion intellectuelle qu'on attend l'idée même de vérité (R.C). Spinoza préconise de distinguer l'imagination de l'intellection (voir Connaissance 1536)

9 Juin

Ai retrouvé Appuhn et sa traduction de Spinoza 1904. J'apprécie son travail supérieur à celui prétentieux de R. Caillois. Penseur dit ce dernier, donc hérétique, « celui qui a une opinion » (Bossuet), que dit Bossuet de Spinoza ?
Les penseurs qui atteignent l'universel : Aristote, Vinci, Kepler... Liste non close. Leur situation au-dessus de la mêlée : Hesse. Le jeu des perles de verre.
Le penseur est toujours « à part » - non pas ailleurs. C'est un solitaire, incompris, comme hors du temps.

11 juin

Les dix compositeurs avec lesquels je n'ai aucune affinité : Lully, Rameau, Poulenc, Satie, Fauré, Ropartz, Louise Charpentier, Milhaud, Honegger, Stockhausen, Xenakis.

Reprendre ces notes dans le cadre d'un projet plus adapté à la réflexion par exemple ÉTUDES (travaux de réflexion en vue de l'action).

12 juin

Éviter les jugements négatifs du 11 juin sur les musiciens.
Citer de préférence les jugements positifs, les favoris : Bach, Haendel, Mozart, Haydn, Beethoven, Brahms, Bruckner, Richard Strauss, Messian...

13 juin

Système fermé, système ouvert : Aristote, Saint Augustin, Saint Thomas d'Aquin.
Saint Augustin vise Dieu, l'âme, le Christ, « aboutissant à une dogmatique ecclésiale » selon Jaspers.
Saint Augustin 354-430, Prêtre et Évêque de Saint Ambroise. Relire les Confessions. À écrit sur la Trinité.
L'art des jardins – mais se contenter de peu, de rien.

16 juin

Étudier la connaissance intuitive chez Spinoza et Bergson.

17 juin

Saint Augustin est un platonicien. Il cite très peu Aristote.
Spinoza a commenté Descartes.
Voir Averroès.
Écarter Platon, Saint Augustin, Hegel, Kant.
Retenir partiellement Schelling et Fichte.
Voir Bergson, Einstein, approfondir Spinoza.

18 juin

Consulté Maritain sur Aristote, Saint Thomas, Bergson. À connu Bergson, s'est opposé à lui ultérieurement.
Voir Jacques Chevalier (histoire de la pensée).
Distinction intelligence, instruction chez Bergson.
Distinguer connaissance et vision que nous apprennent les mystiques (qui ont des visions).

19 juin

« Ne prenez jamais la bêtise trop au sérieux » proverbe de Chine.
Je n'ai aucune affinité avec le psychologisme.
Vérifier le moi sur les données immédiates de la conscience de Bergson.
Retrouver Saint Bonaventure.
Éviter le scientisme (la réflexion sur quelques problèmes de la science n'est pas le scientisme – idolâtrie de la science).

20 Juin

Revoir Saint Anselme sur les preuves de Dieu.
Spinoza « fit de la pensée fondamentale de Saint Anselme la preuve de la définition sur lesquelles il a construit ses démonstrations ». Jaspers « par cause de soi-même, j'entends ce dont l'essence inclut l'existence, autrement dit, ce dont la nature ne peut être conçue que comme existante ».

21 Juin

Étude de la connaissance, l'instrument de la connaissance, quel but ? (Finalité).
Connaître quoi ? Pourquoi ?

22 juin

« Il y a du silence dans le style de Tacite ».

23 juin

J'ai enfin découvert l'intuition de Saint Anselme de Canterbury. Il s'agit d'une bénédiction.
Vue première partie écusson, deuxième partie les Jésuites (en Inde notamment).

24 juin

Rejet de la philosophie de Fichte, Schelling, Hegel, systèmes aboutissant au totalitarisme.
Rejet du psychologisme envahissant.
Rejet du romantisme délétère.
Recherche le classicisme.

25 juin

Approfondir Voir et Regarder.
Voir : vision, percevoir par les organes de la vision
Regarder : porter la vue sur (implique attention)
Vision : voyant et voyeur (Rimbaud)
Visions : perception imaginaire d'objets irréels, hallucinations, apparitions surnaturelles (ou vue surnaturelle)
Voyeur : celui qui regarde et éprouve une jouissance à regarder.
Consulter Condillac et Malebranche.

26 juin

Rassemblé matériaux, demain je devrais classer – documentation œuvre.

27 juin

La personnalité de Henri Gouhier la beauté de son intelligence, le ton mesuré de ses propos font de cet homme qui a disparu au début de l'année un de ces professeurs émérites, j'ajouterai, indispensables à notre époque.

28 juin

L'essentiel : Dieu.

29 juin

Les savants américains auraient mis en évidence le quark top.
Vu démonstration de Dieu chez Spinoza (complément à Saint Anselme)

30 juin

Henri Gouhier a parlé de Bergson et de Gilson.

1 juillet

Henri Gouhier a parlé de théâtre comme prévu. Journée Montreux, malheureusement pas de diffusion de la 5e de Beethoven (que j'ai effacé par erreur).
Exposé sur la relativité générale et la mécanique quantique.
Léonard de Vinci est bien au-dessus de Valéry, poète (créateur). Les cahiers de Valéry sont l'équivalent des essais de Montaigne.
Comment la poésie rejoint la mystique.
Belle émission sur Bremond hier.
Le mot mystique est inadapté à la poésie, ce serait plutôt un état transcendantal – voir intuition, vision.
Établir l'inventaire des boîtes et livres à étudier.

L'Europe par le culturel (Monnet 1888 1979, un des promoteurs de l'idée Européenne, natif de Cognac.
Sur l'intuition, qu'en disait le Littré ?
« En théologie - Voyez, vision
En philosophie – connaissance soudaine, spontanée, indépendante de toute démonstration.
Par extension connaissance des choses ordinaires comparée à l'intuition philosophique.
« Il a eu l'intuition des événements qui se préparent ».
Vision : en théologie, vision béatifique – la vue que les élus ont de Dieu dans le ciel.
Les visions des prophètes.
Chose naturelle que l'on voit en esprit.
Avoir des visions, des révélations, des apparitions.

2 juillet

Liste à établir de dix à douze œuvres universelles plus quelques lectures parallèles d'œuvres générales dans tous les domaines de la création. Par exemple, Vinci, Kepler, Newton, Einstein, Piero Della Francesca, Furtwängler, Laplace.

3 juillet

Éliminer le maximum, ramener à l'essentiel. Qu'est-ce que l'essentiel ? me disait l'Abbé Bourdin, il y a près de cinquante ans.
Axer la pensée sur le jardin, récréation continue, la vie réelle.
Beethoven, Hölderlin, et Hegel, sont nés en 1770.
Le romantisme ne m'intéresse pratiquement plus. Comme Goethe, Sibelius, je pense que l'art est d'abord classique.
Le sentiment se nourrit toujours de sentiment, le sentiment appelle le sentiment, - c'est la théâtralité du sentiment – la sentimentalité, rien n'est plus accaparateur.

La sentimentalité est contre nature. (Voir le spectacle des sentiments)

4 juillet

« Sans liberté, ce que nous nommons la personne n'existe pas ». Octave Paz, né en 1914. Il ajoutait : « Existe-t-elle sans âme ? ».
Les structures morphologiques du chaos mises en relief dans le numéro spécial de D du 1$^{er}$ trimestre 1994 m'amènent à une réflexion : le chaos rassure-t-il alors que nous sommes seuls dans l'univers. Car comment expliquer la création. L'homme fils du temps et de l'espace ?

5 juillet

À vérifier, l'université de Stanford va exclure de ses programmes Dante, Homère, Platon, Aristote, Shakespeare, jugés racistes. Ces auteurs seront remplacés par des écrivains du tiers-monde et de la minorité américaine de couleur. J'ai lu cette information en 1988.

6 juillet

« Je suis nature », retour à la nature, la nature érigée en religion, voilà ce qu'on entend très souvent.
La philosophie de la nature de Schelling serait-elle la prémisse du panthéisme – je note que l'intégrisme et le panthéisme ont été combattus par l'Église Catholique, même au 19$^e$ siècle.
Pour Maître Eckhart, le savoir « laisse en présence sans communication effective la nature et l'esprit, le monde et Dieu ».
Einstein a écrit : « la plus belle émotion que nous puissions éprouver est l'émotion mystique. C'est là le germe de tout art et de toute science véritables ».

7 juillet

Se procurer Simone Weil « La connaissance surnaturelle 1950, la mystique, paru aux Éditions la Colombe qui ont disparu (voir J. Chevalier)
Citation de Simone Weil « l'intelligence reste absolument fidèle à elle-même en reconnaissant l'existence dans l'âme d'une faculté supérieure à elle-même et qui conduit la pensée au-dessus d'elle ».
Voir également :
Louis Gardet : La connaissance mystique chez Ibn Sinâ, texte français Le Caire IFAO 1952.
Henri Corbin : L'imagination créatrice dans le soufisme, Flammarion 1958.
Rester très circonspect à l'égard du mysticisme.

10 juillet

Voir Malebranche sa théorie sur la connaissance.
Attention aux mots cause de « tous » nos maux. L'idéal serait le silence car il n'y a pas de dialogue possible. La communication est toujours de nature artificielle, éphémère et inutile (conviction, foi, intolérance). Le droit à la parole (le politique, le religieux, les idéologies...) n'est qu'une concession à la grande dérision non universelle (conflits Afrique, Centre Europe etc...) ; il serait plus juste de dire la manipulation de la parole ou la diversion par la parole (presse, télévision...).
Le discours religieux devrait se hisser au rang de ces grands moyens de communication directe à tendance universelle (radio Vatican...).

12 juillet

Travail sur Malebranche Dieu-Âme Âme-Corps.

14 juillet

Travail sur Malebranche.
Entendement, imagination, sensation.
La géomancie utilisée par les Chinois avant la construction d'édifices religieux.
(Harmonie avec l'énergie vitale de la terre, donnée de l'architecture ?)

15 juillet

Demain une comète fonce sur Jupiter et entre en collision. Plus de vingt impacts prévus.
L'ordre du cosmos sera-t-il modifié, perturbé ?
L'usage, l'abus l'emportent sur les règles.
(Le champ médiatique c'est l'anti-culture).
Primauté de la notion de personne et de communauté.

17 juillet

Je ne veux pas être un polygraphe ni un compilateur, mais un créateur. Ne pas perdre son temps avec les analyses mais privilégier la synthèse et la méthode plus que la logique et le pragmatisme plus que l'idéologie.
Apprendre à penser plutôt que discourir sur les idées et l'origine du langage.

19 juillet

Travaillé sur Stefan George et le (George Kreis), ai repris Malebranche.
Ne pas oublier d'avoir présent à l'esprit la recommandation de Malebranche.
« Que faut-il croire des auteurs plutôt que savoir ce qu'ils ont cru ? »
Autre erreur « prétendre qu'on ne peut rien savoir ».

Voir citations de Malebranche p266 Livre deuxième, Recherche de la vérité, Charpentier 1871, page suivante :
« Il y a donc de trois sortes de personnes qui s'appliquent à l'étude.
Les uns s'entêtent mal à propos de quelque auteur ou de quelque science inutile ou fausse.
Les autres se préoccupent de leurs propres fantaisies.
Enfin les derniers, qui viennent d'ordinaire des deux autres, sont ceux qui s'imaginent connaître tout ce qui peut être connu, et qui, persuadés qu'ils ne savent rien avec certitude, concluent généralement qu'on ne peut rien savoir avec évidence, et regardent toutes les choses qu'on leur dit comme de simples opinions ».
« Il y a un autre défaut assez ordinaire aux personnes d'études : c'est qu'ils s'appliquent à trop de sciences à la fois (entraînant confusion et erreur), c'est justement le moyen de ne rien savoir ».

21 juillet

Reprendre Descartes :
Règles pour la direction de l'esprit
Discours de la méthode
La recherche de la vérité

22 juillet

Préférer les œuvres d'imagination plutôt que les œuvres d'idées.

24 juillet

Pas de compilation, pas de commentaire, pas de critique, seule l'œuvre de création.
Ne pas finir sa vie « pacifié ».
Être toujours en guerre contre soi-même.

25 juillet

Coïncidence singulière :
Radio 20h, concert Abbadio
Dvorak 8e symphonie
Beethoven 5e concerto
À 21h, je cherche une cassette vierge ou qui pourrait être effacée et je tombe immédiatement sur le K315 comportant un enregistrement de 1985 des deux œuvres ci-dessus.

27 juillet

Faire face à l'accidentel puisque je peux faire face à l'essentiel sur le plan matériel.

29 juillet

Aristote et Dante, Montesquieu, études sur Fludd et Kucher (Kepler).
Relire Goethe. Je le lis et le relis toujours en été. Demain Hamlet par la Comédie Française, à enregistrer.

30 juillet

Hamlet, salle Richelieu.
Les grandes pièces de théâtre :
Les tragiques grecs
Shakespeare, Hamlet, Jules César
Goethe, Faust et le second Faust
Molière, Don Juan
Claudel, Le soulier de Satin
Musset, Lorenzaccio

31 juillet

Composition, exécution, émotion musicale. À propos de la 7e symphonie de Beethoven sous la direction de Furtwängler, sublime exécution 3/11/1973,

géniale. Communion avec la musique qui exalte la nature transcendantale (ou surnature ?) Moment privilégié, unique.
Le ridicule Monsieur T. a subi un revers de la part du Conseil constitutionnel (rien que cela). Ce Monsieur voulait interdire l'usage des mots étrangers dans le langage courant et un autre Monsieur de l'Académie Française D. lançait un appel sur les ondes de radio, apportant son soutien au Monsieur précédent, la Patrie était en danger, est en danger.
Combien y a-t-il de mots d'origine Gauloise : 450 environ.
Merci aux Latins et aux Grecs, aux langues romaines, anglo-saxonnes, germaniques etc.
Où es-tu Molière qui nous écrira la nouvelle pièce « Les Précieuses ridicules » ; comme il y a de nouveaux romanciers, il y a de nouveaux philosophes, il y a de nouveaux mots. Tout est nouveau dans notre monde, mais bien peu de nouveautés.

1 août

Séparer nettement les moments de lecture et d'études et le moment de création.
Les entretiens de Claudel avec Amrouche. La parole authentique d'un génie dans toute la création du terme « La poésie c'est un état de désir ».
Le verset Claudélien serait une brisure du vers basé sur la respiration.

2 août

Le totalitarisme selon Hanna Arendt. J'ai demandé la documentation à Radio France.

5 août

Pour Spinoza « Dieu serait l'unité des attributs » ?

6 août

« L'homme vrai ne dépend de rien
Il est libre de la mobilité
De l'immobilité il use à son gré »

Lin Tsi 867

7 août

Annuler et reconstituer cassettes audio Turandot de Puccini. Je désirerais cet opéra pour clore ma collection.

8 août

« Dieu existe, je n'existe pas » Borges

9 août

Le savoir face à l'opinion.
La perception est parfois suspecte (mirages), préférer la pensée (qui est construction)
Anniversaire, 27e année du « départ » de mon Père (Papillon-Mozart).

10 août

« L'espoir luit comme un brin de paille dans l'étable ». Verlaine cité par Léautaud.
« Il y a très peu de légèreté chez l'homme, l'homme est lourd ». Céline
Les prétendues sciences – ou plutôt l'ordonnancement d'un savoir rituélique de type idéologique : psychanalyse, psychologie, sciences dites humaines etc...
L'évolutionnisme, la propagande politique etc...
La liste serait si longue et vaine.
Raison garder.

Je n'aime pas les révoltés qui compromettent l'ordre et rejettent le jeu social sur lequel est fondée la communauté humaine.
Je poursuis mes travaux d'élimination de savoirs parasites (encombrements) (livres, auteurs, enregistrements de cassettes) toujours miser sur l'essentiel (ce qui m'apparaît essentiel).
Apex de l'esprit – par convergence.
Après l'accident vasculaire cérébral de ce jour, je dois envisager tous les problèmes concrets relatifs à mon « départ » (vérifier testament, crémation, dispersion des cendres).
Avertir ...X, et envoyer doubles de mes ultimes volontés d'être terrestre et de personne.

11 août

Repris « les origines du langage » de Marcel Locquin : la double articulation des phonèmes archétypaux, les phonèmes (20 phonèmes fondamentaux=20 acides aminés ; les origines symboliques du langage.
Revu Parvulesco sur la perte du sacré, cause de la décadence de la civilisation occidentale – la chevalerie métaphysique.
Les élucubrations de V. Nicolescu, physicien quantique sur la transdisciplinarité nécessitée par l'intelligence planétaire.
La suprématie de l'intelligence collective sur l'intelligence individuelle (accumulation de connaissances sans fin) et la revalorisation de la vie intérieure sont les axes fondamentaux de cette « nouvelle discipline », l'enjeu de la connaissance, c'est l'homme lui-même.
Il faut donc inventer, chercher des schémas nouveaux sans rejeter la tradition – actualiser dirait-on comme pour le thomisme (Gibson Gouhier Maritain)

12 août

À l'écoute de Kant. J'ai repris Newton (Principe mathématica).
Préservez-moi des philosophes !
Newton est bien supérieur à Kant.
Newton admet que la connaissance scientifique peut progresser à la fois en son contenu et en sa forme.
Pour Kant la forme est figée, immuable.
Prenons garde également aux doctrines cartésiennes. (Les positions erronées de Descartes sur la science).
Relire p112/117 du Principe Mathématica. Ne jamais oublier le conseil de Newton :
« Tout ce qui n'est pas déduit des phénomènes doit être appelé hypothèse et les hypothèses qu'elles soient métaphysiques, physiques, se rapportant aux qualités occultes ou mécaniques, n'ont pas de place en philosophie expérimentale. En cette philosophie, les propositions sont déduites des phénomènes et rendues générales par induction » 1687.

13 août

Calderon, génie dramatique. Étude sur le siècle d'or Espagnol.
Entendu Chappaz, poète Suisse un ami de Rond, a dit une chose très curieuse lors du décès de sa tante, avant le « passage ». Chappaz racontait quelque souvenir heureux à celle-ci en lui tenant la main. Et dit-il, il se passa une « chose » extraordinaire, ses yeux bleus se mirent à flamboyer d'un feu intense – un ami Hindou lui a fait remarquer que cela se passe en Inde, parfois. C'est un phénomène qui à certains égards à une similitude lointaine – bien sûr - avec le « feu » de la résurrection Christique.
Bien entendu, c'est moi qui fait cette relation, il s'agit d'une toute autre énergie – cristallisation... perle de feu...

Revoir Novalis sur ce sujet ?

14 août

Envisagerai-je de lire intégralement la Bible ?
Les premiers textes dateraient de -1100 avant J.C. – ce qui est peu comparé à l'époque Pharaonique. Il me reste si peu de temps à vivre. Question à étudier. Toujours le problème de l'essentiel lié indissolublement à l'existence.
L'essentiel et l'existentiel. Quelle dualité ? L'advaita Vedanta (la non-dualité) serait-elle une réponse à cette permanente tension de la pensée occidentale du bien, du mal. Ce qui est bon et ne l'est pas. Le pour, le contre, ce couple d'opposition si négatif. Voir ce que dit Leibnitz – bien supérieur à l'idée : Tout ce qui monte converge, tout ce qui monte diverge plutôt parce que recherchant à être unique avant d'être authentique – une sorte d'aristocratie de la pensée et toujours la lancinante question : qu'en est-il du réel ?

15 août

Rappel, pas de citations dans l'œuvre, rejeter toute compilation, pas de critique de texte, pas de commentaires, rejeter l'autodidacte et le polygraphe, uniquement la CRÉATION.
En politique, il n'y a pas de vérité, il n'y a que la vérité du plus fort.
Toute réflexion sur le monde moderne est nécessairement une réflexion politique.

16 août

Le théâtre et la poésie, le social et le personnel, où l'être social et la personne. (105 jours, 22 pages de cette chronique ou plutôt séquence temporelle) 31 lignes x 22 soit 682 lignes, soit 6 lignes et demie par jour en moyenne !!!

J'admire ceux qui écrivent beaucoup.
Balzac, Voltaire, Bossuet, mais je n'apprécie guère ceux qui écrivent peu, ils sont suspects (l'opinion de Claudel sur le « patron » de Mallarmé est significative).
En vérité cela a peut-être très peu d'importance, chacun croit avoir dit l'essentiel, et puis le style c'est l'homme, dit-on.
Dites-moi comment vous écrivez, je vous dirais qui vous êtes. Très sérieux. Un complément de portrait humain par l'écrit, la composition. Pourquoi pas, mais cela exige un effort et, à notre époque, l'effort n'a pas la cote. La devise élitiste reste : chercher, chercher toujours, chercher encore. « Salut l'esprit, qu'il nous remette en liaison » Rilke, sonnet à Orphée.
Nous percevons toujours dans la grande illusion du changement universel.
Abhinavagupta en fit déjà la remarque. Dans ses entretiens avec Amrouche, Claudel cite le Tao à mon grand étonnement, en fait un éloge appuyé : « c'est un grand esprit qui ne s'encombre pas des élucubrations fumeuses ».

17 août

« Saison de la clarté limpide embuée de pluie.
Sur la route, le voyageur au cœur brisé
Cherche une auberge où noyer sa peine.
Un jeune berger montre du doigt le lointain village de fleurs abricotiers ».
Du Muzhi (803-852). Traduction revue par J.P.
Réminiscence d'années fertiles passées dans les monastères bouddhiques au Sud du Fleuve Bleu.

18 août

La politique d'Aristote.
Kazantzaki et Saint John Perse (Odyssée, Anabase)
Les Méditerranéens et l'Atlantéen.

La Melpomène des Grecs (poésie lyrique) ou poésie épique.
L'homme ne relève pas de l'ordre naturel mais il est un monde en lui-même (microcosme-macrocosme).

19 août

Platon m'est aussi odieux que Rousseau, mais nous avons Aristote et Voltaire, Dieu merci !
Replonger dans ER. Curtius. La littérature européenne et le Moyen Âge latin, un chef-d'œuvre.
La fête de la confédération latine durait quatre jours et se célébrait dans un bois sacré puis dans un temple sur le Mont Albain. Voir l'Énéide de Virgile.

21 août

Revenir toujours à l'essentiel.

22 août

Revu poèmes de Verlaine. Rêve magnifique.

23 août

Revoir Rimbaud.

24 août

Jean Scot Erigène est à l'origine d'un courant néoplatonicien qui détache la philosophie de la théologie et étudie les rapports de Dieu avec la nature.
Toujours le courant platonicien à l'œuvre sur le plan des idées philosophiques et politiques : les furieux de l'idéologie à l'œuvre tout au long de l'histoire humaine. Socrate, le père fondateur de cette déviation formelle serait-il un mythe ?

25 août

Dullin était un grand pédagogue, élève d'Antoine et de Copeau, et quel répertoire. Sa voix légèrement acide et sa diction parfaite, quel maître !

26 août

Émission sur Eckhart. Excellente avec le Révérend Père Donimeau, Edouard Weber, Lombard, Alain de Libera.

27 août

De la vacuité créatrice à Maître Eckhart, voir s'il y a une corrélation avec le bouddhisme Mahayana (grand véhicule).
Maître Eckhart a été étudié par Rudolf Otto (1869-1937), qui a établi des corrélations avec Cankara. Reprendre le texte.
Interférence, point de rencontre, ou conjonction.

28 août

C'est le Vedanta (Cankara) qui m'a « sauvé » autrefois. Je suis revenu à l'ontologie du Père Dandey. Un livre essentiel, condensé et agréable à lire (la traduction de Louis Marcel Gauthier de l'anglais mérite d'être citée).

29 août

Vu le Professeur Hermann Krupp qui prépare un livre sur le Japon. Nous sommes entrés dans l'ère de la géo-économie. La guerre commerciale et technologique fait rage. Les Japonais avaient gagné la guerre des semi-conducteurs. Ils disposent à Düsseldorf d'une centrale très active.

De nouveaux termes apparaissent : téléférence, réalité mutuelle ; de nouveaux produits font leur apparition : la fibre de verre, la fibre optique.
Les Japonais recherchent l'épanouissement personnel dans un travail de groupe.

30 août

Revu divers textes du Mahayana. Travail sur la vacuité.

31 août

Nicolas de Cues par Condillac.

1 septembre

Flaubert. Le point de vue. Darsanas symbolique et Vedanta. Revoir théorie d'Olivier Lacombe et replonger dans les textes essentiels. Maître Eckhart a-t-il réellement incorporé les thèses orientales ?

3 septembre

Relire Salammbô et les Martyrs.

4 septembre

Préparer travail sur les cosmogonies.

6 septembre

Je n'aime pas les poètes élégiaques mais les poètes épiques.
Poème épique, cosmogonies, cathédrales gothiques, catholicisme intégral (universel), classicisme (romantique=névrose).
De très nombreux textes de Schelling sont encore publiés et enrichissent sa dernière philosophie dans une double perspective : raison et positivisme.

7 septembre

Concert Beethoven et Brahms 6e et 1$^{re}$ Symphonie, Répertoire cassettes audio.
Revu le dictionnaire des idées reçues de Flaubert, toujours d'actualité.

8 septembre

F. Gouseth : mathématicien et philosophe, ami du Professeur Bachelard, vu par le Père Breton, un régal « platonicien bouddhiste », dit-il.

9 septembre

Pourquoi parler de dispersion en ce qui concerne la lecture. Variété antisystème.

10 septembre

Travaillé sur l'œuvre théâtrale : la tragédie divine.

11 septembre

À la Cathédrale de Chartres, à l'occasion du 8e centenaire de l'incendie qui la ravagea, une messe, présidée par le Cardinal Paul Poupard, Président du Conseil Pontifical pour la Culture, à Rome. A prononcé l'homélie, remarquable, sur le Catholicisme.

12 septembre

Procéder à la sélection des livres à lire et éliminer les autres. J'ai lu Flaubert.

13 septembre

Structure, structural.
Système, systémique.

Syntaxe.
Synthèse.
Tout dictionnaire sous tend une idéologie (reflet d'une civilisation)
Antoine Albalat (1856-1935) l'art d'écrire.
Les maîtres d'écriture : Bossuet, Balzac, Flaubert, Mérimée (pour ses nouvelles).
La querelle Stendhal Chateaubriand sur « la cime indéterminée des forêts ».
Travail sur le style.

15 septembre

Reprendre travaux sur Clément de Chartres. Bibliothèque d'Alexandrie, et perception des phénomènes physiques et leur relation avec l'esprit
– continuum –

17 septembre

Voir cosmogonies – création du monde.

25 septembre

Les trois premières élégies de Duino ont été inspirées à Rilke sur les bords de l'Adriatique en 1912. Il devra attendre 1922 dans l'isolement pour composer en une dizaine de jours les dernières élégies et le sonnet à Orphée.

28 septembre

J'ai pu me procurer la photocopie du livret de famille de mes ancêtres (côté maternel) Maurin et Dubois.

30 septembre

Toujours vers l'essentiel mais qu'est ce qui est essentiel ?

3 octobre

Travaille sur la généalogie de la famille Maurin. J'ai reconstitué la généalogie mais je n'ai aucune date précise. À compléter et revoir.
Voir également famille Bachelard avec ma cousine.

4 octobre

Repris les trois dernières élégies de Duino de Rilke. Ne rien retenir avant 1912. L'œuvre poétique réelle commence avec les élégies de Duino.

5 octobre

Voir Nerval et Rilke. Les chimères et les élégies de Duino.

6 octobre

Mishima, admiratif de Rilke, Racine. Tentation d'ouverture vers le monde occidental. Une vie en « surmultipliée » - reste l'œuvre capitale.
La gastronomie est peut-être un art (cuisine du 19e siècle en Angleterre).
Clovis Hesteau de Nuysement – son œuvre poétique parait cette année. Alchimiste et poète baroque, « hanté par l'ange du Bizance, ruisselant des flots rageurs d'une « hainamoration » qui porte l'amant, d'un même mouvement, à l'adoration et au saccage de l'objet du désir ».
Le colloque de Neuchâtel des 16 et 17 octobre 1993. M. Charles Sanders Peirce est enfin publié. Note : Albert Gérard « l'idée romantique dans la poésie en Angleterre, études sur la théorie de la poésie chez Coleridge, Wordsworth, Keats, Shelley »

7 octobre

Travaille Rilke

8 octobre

Madame Butterfly de Puccini.
Toujours sur les élégies et les sonnets de Rilke.

9 octobre

Méditations agricoles !
Suite au philosophe sous un parapluie, deux types d'écrits : les écrits, les mécrits.

10 octobre

R. De Reneville, Marc Ergeldinger, Maritain, Paul Gaultier. Le fondement de l'art de la poésie.
Retrouver Piero Della Francesca.
Calme et sérénité sont nécessaires à la vie politique.

11 octobre

Un débat sur Voltaire, beaucoup de bavards, peu ou pas d'écrivains. À chacun son Voltaire, comme à chacun son Péguy. Voltaire réquisitionné par France Culture, radio de plus en plus nulle et engagée : vieille lune.
Je m'empresse de reprendre le Père Charles Lahr.

12 Octobre

Retrouvé mon dictionnaire de racines européennes, mon noël.
Reprendre le terme de l'errance à partir du ver de Rilke relatif à Hölderlin. Ai consulté le petit livre de Sellier sur l'évasion – évanouissement pour errance, niveau propédeutique –
Reprendre Charles Graves : les mythes grecs.

13 octobre

Maître Eckhart, zen, tao.

Les vers qui permettent de saisir l'invisible dans le visible. À développer.

18 octobre

Les mystères de l'éducation scolaire en Allemagne et en France.
En France le nivellement par la base, anti-élitaire (pour ne pas dire égalitaire) écrase la personnalité (la personne a été supplantée par le citoyen) bouffonnerie tragique. L'Allemagne rétablit la notion d'élite (une école où Fichte a étudié) et le développement de la personnalité qui est inhérent à l'idée de progrès, de participation.
Quant à l'Espagne, l'école de l'Opus Dei forme les futurs dirigeants de la Nation.

20 octobre

Antoine Meillet, grand linguiste français.
Pour Kircher la création du monde eut lieu 4053 ans avant la naissance du Christ, et le déluge 2396 ans avant la naissance du Christ, soit l'an 1657 après la naissance du Monde.

22 octobre

Recherché travaux de Meillet sur la grammaire.
Qu'est la connaissance de la lumière incréée ?
Le Polygraphia Nova (Rome 1663) de Kircher propose un langage symbolique universel avec le vocabulaire Latin, Italien, Espagnol, Français, Allemand.
Terminé Kircher.
Repris Robert Fludd. Voir les critiques de Kepler relatives aux idées de Fludd sur l'harmonie du monde.

26 octobre

« Quel plaisir de se promener dans le jardin
J'y fais le tour de l'infini ». Hi Hang
Travail sur la linguistique historique et la grammaire de Pāṇini de Port Royal. Recherches.

27 octobre

Deuxième partie de l'émission sur Meillet, linguiste, qui a mis l'accent sur l'histoire de la langue.

29 octobre

Travaux de linguistique depuis plusieurs jours. C'est le monde par excellence de l'impureté et du désordre. Beaucoup de pédants et de prétentieux, peu de savants, au vocabulaire désincarné, hermétique. Seuls quelques grands noms – des individualités souvent non conformistes – Ce soir je retrouve avec plaisir Albalat – un maître auquel il faudra toujours revenir.
Insensé de Givenchy : une œuvre d'art.

30 octobre

Travail sur la grammaire : la phrase française non retenue par les linguistes, voir les grammairiens descriptifs et normatifs non atteints du virus de la préciosité et de l'emphase.
Schéma de base : des mots, de l'ordonnancement des mots, des mots à la théorie, toujours partir du concret (Brondal prétend que la langue française est abstraite).

1 novembre

Tibet, réincarnation, vacuité.

2 novembre

Je n'ai pas apprécié à sa juste valeur le temps qu'il me restait à vivre. Je dois restreindre le chantier intellectuel de survie par l'élimination prioritaire et absolue de tout ce qui n'est pas du domaine de la création littéraire. Je n'oublie le « à votre âge ! » d'un voisin. L'erreur n'est pas la dispersion, mais l'étendue des recherches de la documentation. L'homme se crée en créant, ma devise personnelle. D'autre part, ainsi que le mentionne Guiton, la lecture à fond de dix livres importants est un maximum (exemple 10x350 pages égal 3500 pages que divise 365 égales dix lignes par jour, une page comporte entre 30 et 65 lignes - ?
Je lis plusieurs pages par jour et ce depuis l'âge de 14 ans, soit plus de 51 ans et il m'arrive de lire un livre par jour ou en 2 à 3 jours. En doublant sur la base de six jours j'obtiendrai 3000 livres ce qui compose à peu près la réalité. Et ce jour j'aboutis en définitive à une dizaine d'auteurs fondamentaux et essentiels pour moi.
Homère, Apollonius de Rhodes, Virgile, Dante, Shakespeare, Goethe, les tragiques Grecs, Racine, Saint John Perse, Kazantzaki plus quelques divers partiellement, et quelques textes par des auteurs non approfondis (Les Chimères de Nerval, Les Illuminations de Rimbaud, Ainsi parlait Zarathoustra de Nietzsche, liste incomplète (l'importance de ces textes qui pourraient faire une anthologie personnelle, enfin tout un programme) !
Mais le temps presse.
Nb : je ne parle que des littérateurs et non pas des penseurs (Aristote, Saint Thomas, Bergson...) ni des savants (Kepler, Newton, Einstein...) tout ce que j'appelle les compagnons de route, ni des grands écrivains (Bossuet, Voltaire, Flaubert, Barrès...).
Différencier littérateurs et grands écrivains.

3 novembre

Syntaxe du français par Le Bidois, seule introduction à mes dernières études.
Pour reprendre le style, Albalat.

8 novembre

Toujours la linguistique. La rhétorique, le style, (la phrase, la composition) « qu'est-ce que la phrase » ? demandait Valery.

14 novembre

Depuis quelques jours je relis méthodiquement mes livres – ceux qui sont essentiels.
Les maïs d'automne ont été coupés.

4 décembre

Reprendre Homère, enfin !
Mise en route ultérieure des textes fondamentaux.
Le temps presse.
La préparation de Noël et la remise en ordre des boîtes ne m'ont pas permis pendant vingt jours de consigner mes lectures et réflexions, mais je puis dire toutefois que j'ai engrangé sur le plan de la méthode et de l'écriture. Je donnerai mes points de vue les jours qui viennent.

8 décembre

J'ai pensé (pourquoi ?) à tous les amis partis. Serait-ce le vent, la pluie, l'obscurité qui m'invitent à me remémorer leur visage et leur voix, ou la réflexion sur la finitude et l'infinitude de l'univers (La physique de l'infini avec Cazenave).
À propos de R. voir s'il s'agit de préconnaissance, de connaissance intuitive, ou de prescience ? Le réel

serait-il voilé – décrypter le grand livre de la nature, émanation du Divin.
Les noms de Dieu ne peuvent être nommés.
Le temps et l'espace seraient des constructions de notre mental. Ce qui est en haut est comme ce qui est en bas.
Les grands personnages historiques : Alexandre le grand, Jules César, Charlemagne, Louis XIV, Frédérick II de Hohenstaufen, Napoléon Bonaparte, mais que reste-t-il de leur Empire ? – Toujours reconstruire l'Empire.
La flamme des orchidées s'incruste dans l'azur.
Concilier les exigences de la modernité et de la tradition.

9 décembre

Vue du Louvre.

13 décembre

Les épopées, les tragédies (Eschyle, Sophocle, Euripide)
Le Faust de Goethe : tragédie, action dramatique.
L'Odyssée de Kazantzaki : épopée, légende moderne.
L'Anabase de Saint John Perse.
L'épopée serait-elle de retour- le poème épique au moins.

19 décembre

Bossuet, Voltaire, Chateaubriand, Flaubert.
Préparation des travaux pour 1995 jusqu'en 2004 !!!
Dernière ligne droite.

20 décembre

J'ai travaillé sur Barrès et le second Faust de Goethe.

24 décembre

Fêtes de Noël agréables.
Pérégrination, mouvement, l'univers en perpétuelle métamorphose : explosion, reconstitution, destruction (vérifier le mythe de l'alchimie).
« Je n'existe que dans le mouvement, si je m'arrête, c'est la fin ». L'entropie.
Le mythe de l'éternel retour ? La fuite des galaxies s'échappant l'une de l'autre à très grande vitesse.
Calculer pour prévoir : vision segmentaire de la prospective. Comment anticiper l'événement ? Déterminisme, volonté (le charisme de Jules César à Alésia fut déterminant dans la victoire). Cette irrépressible coïncidence.
De quelle nature sont ces moments privilégiés, amitiés, lectures, passions. De qualité sans surprise.
Le poème, la poésie.
Eon : grande étendue de temps de l'histoire de la terre.
(Ces pensées ci-dessus sont des cheminements).

28 décembre

Quelle construction le temps,
Quelle construction l'espace.
La gravitation, propriété géométrique de l'espace, la courbure de l'espace, les ondes gravitationnelles, les neutrinos. Dieu est architecte mais aussi astrophysicien. Construction, création.
Une autre physique à l'aube du 21e siècle.
Le Divin scintille.
De la perception à la représentation.

29 décembre

Les prémices du totalitarisme, le totalitarisme, sont présentes dans le monde politique et ce dans des Nations évoluées, mais aussi dans des Nations sous développées. D'autre part, la radicalisation des attitudes et des principes concourent à une deshumanisation du tissu social, facteur de conflits, de guerres, de génocides. Les barbares sont parmi nous et ils revêtent les manteaux blancs de la morale sous toutes ses formes (religieuses, idéologiques, sociologiques).

Prendre conscience de l'irréalité des propos, des images qui sont détournées systématiquement au profit de quelques meneurs de jeu (jeu truqué).

La vulgarité, la médiocrité, la laideur, l'étroitesse d'esprit, la bêtise institutionnalisée, la tartufferie, et le discours (parler pour ne rien dire parce qu'on n'a aucune imagination), les beaux parleurs (voir politique, télévision, chorus médiatique) le pandémonium se parant de culture : les boîtes à culture – Malraux et ses maisons.

L'expression – s'exprimer – on a tout dit, le bla bla égalitaire, solidarité, exclusion, antiraciste, dispense de toute pensée.

Nous sommes envahis par les discours et l'image (la pensée est en perte de vitesse, les journalistes ne sont plus crédibles, leur langage est manipulé, le tout agrémenté de psycho... on ne sait quoi (il n'est pas responsable, il est fragile) ...

Leçon numéro 1 et unique – Raison garder et... voir plus loin l'attitude et la méthodologie nécessaire pour affronter la dernière ligne droite sans retour, sans regret.

30 décembre

Réflexions sur la méthode de travail à adopter dans le cadre d'une pensée ouverte sans adhésion systématique – la pensée est dans le mouvement et ne peut en aucun cas se fixer (fixisme, parti pris, idéologie), la pensée stagnante se concrétionne (le mot n'est pas très beau, hélas, mais évoque bien le dépôt, l'agrégat, l'anormalité).

Les aventuriers de l'esprit que j'affectionne : les biologistes, les astrophysiciens, les navigateurs, les mystiques et les hommes d'action.
Sainte Geneviève « écarta » Attila de Lutèce.
Lao Tseu dit Livre I Chapitre 2 « Le sage sert sans agir, enseigne sans parler ». Wieger, page 19-
Convergence, plutôt pérégrination, errance, cheminement, parfois les chemins se croisent.
Le cheminement de la pensée n'est ni une montée ni une descente – monter, descendre n'ont aucun sens (se référer à la situation de la Terre dans la Galaxie).

31 décembre

Voilà le dernier jour de l'année 1994. Je n'attends rien, je n'espère rien, je ne demande rien. Qu'à donc représenté cette année écoulée ? Le centenaire de la naissance de mon Père, je ne vois vraiment rien d'autre, sauf peut-être la conjonction, le 29 et 30 au matin, entre les deux brillantes planètes Vénus et Jupiter avec la lune. Danse cosmique.
La fin du silicium annoncée au profit du plastique. Microprocesseur, panneaux photo voltaïques, façonnés d'une seule pièce pour notre maison, ainsi m'apparaît la conception tout organique.

## 1995

1 janvier

Concert du premier janvier à Vienne. L'ambiance y est toujours animée (ce soir c'était l'opérette, la veuve joyeuse), une réussite totale. Le programme musical pour cette année comprendra : Bach, Beethoven, Brahms, Bruckner, Mozart, Wagner.
L'analyse par Berstein des quintettes de Schumann est une merveille (afin d'éviter un adjectif qualificatif), celle de Brion sur Schumann très émouvante (l'ami de toute une vie).

L'art, rien que l'art, tout pour l'art. Merci au Créateur de nous avoir donné l'ART.
Mettre au point la lettre sur l'art.
L'anniversaire de la naissance de Frédéric II a été célébré car il fut un très grand Empereur (voir Marcel Brion)

2 janvier

Liquidation de tout le superflu au niveau intellectuel. Viser à l'essentiel, sans perdre de temps.

3 janvier

Soirée avec Schumann, Marcel Brion et le Docteur Robert de Lyon.

4 janvier

Suite schumannienne.
Voir le poème de Maître Eckhart et le Tao.

11 janvier

« Comme par les sereins clairs de lune,
Diane rit au milieu des nymphes éternelles,
Dont le fourmillement fleurit les champs des nuits. »
Dante – Traduction de Louis Gillet.
« Les gouttes de cette voix qui m'enivre », il s'agit de la voix de Béatrice.

28 janvier

« Le jour de ma naissance, une étoile dansait ». Shakespeare.
Ce jour de la Saint Thomas d'Aquin.
Abandon des travaux de linguistique et de philosophie au profit de la poésie et de la physique et astrophysique) théorique.

Poésie, science, mystique, art.
Ces deux semaines passées m'ont permis de rassembler et d'éliminer ce qui n'est pas essentiel à mes derniers travaux.
« Connaissance, conscience, création », ma devise à quatorze ans reste toujours valable.
La situation climatique actuelle est orientée à la pluie, au vent, et aux inondations. La précarité des projets quand il y en a, l'impuissance à résoudre les problèmes qui en découlent, et pour comble les discours et les commentaires insipides des médias et des hommes politiques, ne sommes-nous pas dans une impasse ? Revoir le cours des fleuves, le plan des villes, les travaux en cours...

10 février

« La réalité est essentiellement esprit ». Muhammad Iqbal
Qu'est-ce que la réalité ?

21 février

L'expérience vécue n'a aucun intérêt. C'est un nombrilisme latent d'oubli, un exhibitionnisme intellectuel.
Relu Balzac.
Laplace rappelle : « L'incendie des livres ordonné par l'Empereur Chi Hoanti vers l'an 213 de notre ère, fit disparaître les vestiges des anciennes méthodes de calcul des éclipses et beaucoup d'observations intéressantes. »

15 mai

J'ai réécouté La flûte enchantée dirigée par Furtwängler (celle du 6 août 1951).
« L'onde de vie est rectiligne. L'onde de mort est tourbillonnaire », déclarait un kabbaliste ces temps derniers. À rapprocher du « mage » du mont Orignal.

Le virtuel n'est pas la vie, c'est un substitut à la vie, au réel.
Le calendrier de 1995 est identique à celui de 1905.

16 mai

T. a téléphoné, il imagine des civilisations parallèles, déconnectées. D'autre part, il m'a sollicité afin que j'intervienne pour appuyer son projet éducatif : la suppression du livre scolaire. Je lui ai répondu dans un premier temps attendre la nouvelle équipe.
Son livre a été plagié par J.R. Affaire à suivre.
À partir de ce jour je ne procéderai plus à aucun classement.
J'ai cumulé un retard considérable durant ces 2 mois et demi, durant lesquels j'ai dû faire face à des problèmes de santé.
Les essences de cèdre d'Amérique sont très agréables.
La réalisation d'une chorale – non discriminatoire en ce qui concerne la voix – m'apparaît comme une véritable création : en effet, tous les éléments participent à l'élaboration de l'œuvre.
Les arbres à pépins succèdent aux arbres à noyaux et vice versa – selon les agriculteurs – un beau métier. La création d'un jardin est aussi une œuvre d'art. Voir De Vinci.
Le « diable » maître d'école, nouvelle de h : le nivellement, l'orientation, la contestation, le stratifié et la médiocrité érigée en instrument de déstructuration cérébrale (histoire...Musique...)
Le Père de M. est un grand amateur de cirque. Le 19e festival fut une réussite.
À défaut de fleurs de cerisier, j'admire les fleurs du marronnier.

17 mai

Lecture du carnet de Léonard de Vinci. « Parce que l'œil est la fenêtre de l'âme » écrit-il.

21 mai

Hier Jean Meyer a exposé ses idées et réflexions sur le théâtre moderne. Modernité. Hypermodernité. Tradition et modernité. Qu'est-ce que cela signifie ? (C'est moi qui le dis).
Le nouveau théâtre disait Meyer, est bassement réaliste, il n'y a plus de pièce à thèse, il n'y a pas de souffle. (À propos de Montherlant qui est un styliste, un grand).
Géraldine jouera dans Don Juan de Molière, nous a annoncé son père.
Une actrice dans la maison ?
La bibliothèque du Vatican possède des notes autobiographiques de Virgile, des manuscrits de Michel Ange, la Bible grecque du 4e siècle (voir Bibliotheca Apostolica Vaticano), premier monographe consacré à ladite bibliothèque (Éditeurs Ardini).
Revenir aux maîtres de toujours.
Aménophis IV (Akhenaton et « la belle est venue : Néfertiti »)

22 mai

La Damnation de Faust de Berlioz – qui fut notre Wagner à sa façon – négligé en France (heureusement que les Anglais sont là...)

30 mai

L'homme numérique de ... Robert Laffont.
Revu Louis Jouvet, un grand, un très grand.

3 juin

Il y a beaucoup de ressemblance entre Valery et Thomas Mann (1875-1955), Prix Nobel de Littérature 1929. La plus évidente est le nombrilisme (l'ego...). J'ignore ce que pensait Valery de Goethe. Goethe est un esprit universel contrairement à Valery et Mann.

16 juin

L'intégration des cultures universelles.
C'est la vocation (ou la passion) des grands écrivains : Homère, Virgile, Dante, Shakespeare, Goethe, Kazantzaki, Saint John Perse.
Selon la doctrine sohrawardienne de l'Ishrâq, l'ange est le double céleste de la psyché terrestre. (Voir Corbin)
Quant à F. Attar, il raconte le voyage initiatique de l'âme en quête de l'unité.
Cela rappelle la célèbre phrase de Maître Eckhart « l'âme en chasse ardente de sa proie le Christ ».

« Nuit de givre
Bruissement incessant
D'ailes de canards mandarins »
Sôgi

17 juin

Joseph de Maistre, le métaphysicien, remonte aux causes premières et dénonce : « une insurrection contre Dieu » selon ses termes.
L'autorité spirituelle doit être au-dessus du pouvoir temporel (indépendance dans une subordination spirituelle), tel est le message.
J'ai appris que beaucoup de ses manuscrits sont inédits. La veille de sa disparition furent lus le 4e chapitre de Saint Jean (samaritain) le psaume 28 (qui célèbre la force du Seigneur) et le 1$^{er}$ chapitre du Livre IV de l'Imitation sur l'Eucharistie.

La prophétie, l'Art, la Tradition, reprendre sa doctrine.
« Tout ordre est beau », 2e entretien de la soirée, j'ajouterai l'analyse maistrienne du mal.

« L'homme est assujetti au temps et néanmoins il est, par nature, étranger au temps », 11e entretien et poursuit : « l'esprit prophétique est naturel à l'homme et ne cessera de s'agiter dans le monde. Jamais il n'y eut dans le monde d'événements qui n'aient été prédits de quelque manière... »
« L'univers est dans l'attente... L'univers est dans l'attente... »

24 juin

« Suivez Dieu » tel était le cri de l'école de Pythagore.
« La force par laquelle nous persévérerons dans l'existence est bornée et la puissance des causes extérieures la surpasse infiniment ». Spinoza, Éthique.
« Flaubert dit un jour d'A. Dumas, c'était un géant qui abattait une forêt pour faire une boîte », cité par Paul Bourget.
« Ah ! Je les aurai connues, les affres du style. » Flaubert.
« Le monde est une pensée qui ne pense pas, suspendue à une pensée qui se pense ». J. Lachelier
« Les systèmes de philosophie sont des pensées vivantes. La philosophie est œuvre personnelle. En un sens elle ne se transmet pas ». Émile Boutroux

6 août

J'ai travaillé à Saint Anselme de Canterbury et la preuve ontologique de l'existence de Dieu. Vérifier la position de Saint Thomas d'Aquin hostile à Saint Anselme. Il ne s'agit pas, pour moi, de confirmation de l'existence de Dieu qui est indiscutable mais d'étudier l'argumentation de l'un et l'autre docteur de l'Église.
Gilson prétend que Saint Anselme « a dévié de la saine voie... en délaissant l'expérience pour la pure nécessité du concept ».

Saint Anselme fait parti des penseurs que j'aime lire, tels Bonaventure, Scot, Leibnitz.
Saint Anselme est aussi à l'aurore de la scolastique et j'apprécie les penseurs des commencements, ceux dont Jaspers disait que « leur pensée sourd de l'origine ».
(Il rassemblait : Anaximandre, Héraclite, Parménide, Saint Anselme et Spinoza).
Dans toute création, ce qui est le plus beau, c'est le commencement (genèse, naissance des étoiles et des galaxies...)
La canicule qui sévit dans nos régions m'accable physiquement.
Y a-t-il une correspondance entre Saint Anselme et la métaphysique Cankarienne, Vedanta. (Saint Anselme ne peut se concevoir hors de l'Église, et Cankara hors du Vedanta. Conceptualisation, système ou ouverture, croissance de l'esprit.

9 août

Les hymnes homériques « relèvent du genre épique ». Il y a les vers récités et les vers accompagnés par un instrument musical. Rapprochement avec les hymnes orphiques.
De toute la production « épique ancienne » il ne nous reste que les trente-trois hymnes homériques et les quatre-vingt-sept hymnes placés sous le nom d'Orphée. L'inventaire du genre serait le Lycien Olên. Hérodote attribue à Olên un poème sur les Hyperboréens de Délos.
La poétesse Boéô voyait en Olên « celui qui fut le premier prophète d'Apollon et qui le premier bâtit l'édifice harmonieux des poèmes antiques » sans parler de nombreuses difficultés d'interprétations, il en est d'autres qui tiennent à la langue même des hymnes.
Nota Bene : on sait que l'arcado-cypriote contient plus que tout autre dialecte, des débris d'achéen.
L'hymne à Demeter a une grandeur propre.

Les Achéens furent les avant-gardes des populations indo-européennes.
Les mystères d'Eleusis ont une origine égéenne avec des apports achéens et helléniques.
Le grand hymne à Demeter comporte deux thèmes : le rapt de Perséphone, et l'Institution des mystères.
Bibliographie : G. Dottin Les argonautiques d'Orphée Paris 1930.

Analyse du grand Hymne : Le rapt, la Recherche, l'arrivée, les rites de réconfort, l'enfance de Demophon, la fondation du sanctuaire, le Dieu et la Déesse, la joie du retour, les rites d'initiation, les adieux du poète à la Déesse souveraine de Paros et d'Antron.

17 août

F. Charpentier : « En principe, toutes les divinités grecques, rapides dans leur course, ont droit aux ailes, ce hiéroglyphe de la rapidité ».
Extrait de Les Dioscures au service d'une Déesse. 1935
P. Kerne : « Leur nom (Muse) est hellénique et signifie celles qui pensent ».
Religion grecque.

Le crépuscule des Dieux de Wagner. Je possède la version Furtwängler, l'unique.

La personne l'emportera-t-elle sur la masse, dans cette époque de transition. Nadia Boulanger insiste beaucoup sur le rapport dominant tonique.

18 août

Relu Voltaire et Joseph De Maistre.

21 août

Repris les soirées de Saint Pétersbourg de Joseph De Maistre, 10e et 11e entretien particulier.

2 septembre

L'irréversibilité du temps.
Le second principe de la science du temps de O. Costa De Beauregard et la notion de temps, équivalence avec l'espace, du même auteur, qui fit partie du groupe de physique théorique de L. De Broglie.
Esteban de Arteaga (1747-1798) Jésuite espagnol, critique et esthéticien, son Œuvre, « La beauté Idéale » 1787.

29 septembre

« Le rêve ou les regrets » dit-on des personnes âgées (?). Je traduirai :
L'action, le rêve ou la mort.
Toujours agir, penser, rêver, sinon les regrets, c'est-à-dire « les choses mortes », ce qui n'est plus, ce qui n'est pas.
J'ai travaillé depuis plusieurs semaines sur l'analyse musicale et la composition.
« Qui surviendrait, quand les Ioniens sont assemblés, les croirait immortels et exempts à jamais de vieillesse : il verrait leur grâce à tous... ».
Hymnes Homériques.
Une galaxie inconnue aurait été découverte aux confins de l'Univers, à une distance de la Terre estimée entre 13 et 17 milliards d'années-lumière, soit un temps équivalent à 90% de l'âge de l'Univers.
Télescope situé à la Silla Chili.

30 septembre

J'ai découvert un grand poète Grec du XXe siècle. Voir éventuellement ses rapports avec Kazantzaki. Voir ses poèmes delphiques. L'ouvrage de Kazantzaki mentionne ses rapports avec Sikélianos. Je le relis. Ils se sont connus (amitié), ils se reconnurent très grands poètes, mais leur chemin divergeait. La Voie est unique.
Toutefois je ne possède aucune œuvre de Sikélianos ni de Step. George, qui sont tous deux créateurs et restaurateurs des mythes. Ils se ressemblent par leur démarche. Cela est essentiel.

1 octobre

La transmission des poèmes homériques a dû se faire par les Aèdes et le Rhapsodes.
L'Iliade et l'Odyssée comptent chacun 24 chants 15637 vers pour l'Iliade, et 12000 environ pour l'Odyssée. Je crois à l'existence d'Homère le poète sublime.

3 octobre

Un remarquable cours de composition (symphonie) par Bernstein (décembre 1958) à Carnegie Hall. Dommage que je n'aie pu l'enregistrer – car il était à revoir.
Zwicky Fritz qui avait étudié les supernovæ, prédit l'existence d'étoiles à neutrons dès 1935. Ces dernières sont d'une grande actualité.

4 octobre

Exposé sur Alberti (15e siècle) – homme universel, architecte, grammairien (traité de peinture, d'architecture...). Le temple au milieu de la ville.

5 octobre

Villemain a dit de Bossuet : « Il agrandit la parole humaine. »
« ...Je réserve au troupeau que je dois nourrir de la parole de vie les restes d'une voix qui tombe et d'une ardeur qui s'éteint. ». Bossuet, du Prince de Condé.

17 octobre

L'homme est une personne qui vit dans une communauté.
J'ai travaillé sur Valery et la création littéraire. Au Collège de France il existait vers 1946 une chaire d'histoire des créations littéraires en France. Le Professeur Jean Pommier y disséquait des « essais sur les données immédiates de la conscience créatrice » et notamment chez Valery.
Pour Valery comme pour Baudelaire, l'art serait une protestation contre la nature.
La sensibilité communiquant avec l'intelligence.
Le poète conduit : « de front la pensée, la syntaxe et l'harmonie. » (Jean Pommier), mais pour Valery « c'est l'exécution du poème qui est le poème. »
François Paulhan dans sa « Psychologie de l'invention » traite de Newton.
Valery note que « le mystère du choix n'est pas un moindre mystère que celui de l'invention, en admettant qu'ils sont bien distincts. »
Le mystère des Chimères de Nerval : « elles sortirent d'un dictionnaire alchimique que l'auteur avait sur la table. » À vérifier.
Comment se fait la création dans un cerveau se demandait Fromentin au soir de sa vie.
Chateaubriand a résumé la situation de l'écrivain : « on finit toujours par écrire ses mémoires – ses illusions – ses regrets. ». Valery surenchérissait ou plutôt complétait : « on commence par écrire ses désirs. »

18 octobre

Ma mère m'a appris à me laver les dents et à me laver les mains, le soir avant de se coucher. Quant à mon père, il m'a appris la valeur du travail et de l'étude. Grâce à lui, j'ai découvert les livres de l'abbé Moreux, notamment sur l'astronomie, ainsi que la série « Qui sommes-nous, d'où venons-nous, où allons-nous ? » (Je crois que ce sont les titres). Mon père était un homme du concret. Il m'a fait découvrir le théâtre (Sacha Guitry, La Capture de R. Fauchois. Cette pièce nous la vîmes au théâtre d'Angoulême). Et le Bel Canto (La belle chose qu'un soleil ; les opérettes, Lucien Muratore, Keipura, Caruso).
Le dictionnaire Larousse de mon Grand-Père Patinet qu'il me transmit fut une vraie découverte. Mon Grand-Père Maurin me remit ses travaux manuscrits (mémoires de guerre 1914/1918, histoire, poésies).
Je m'aperçois que j'ai eu une enfance très agréable, ma mère me fit donner une instruction religieuse (Catholique) et j'étais inscrit au Patronage de Saint Martial où je découvris le cinéma – (Napoléon d'Abel Gance, Charlie Chaplin) – mes parents, modestes, étaient d'origine paysanne.
Hubert Reeves a développé sa théorie de la première seconde de l'univers. C'est un très bon pédagogue. J'ai enregistré son entretien avec M. Cazenave, très décapant, celui des horizons infinis et variés.

22 octobre

La diplomatie.
En 1422 le Grand maître de l'Ordre de Calatrava commanda au Rabbin Moïse Arradjel de Gnadalapara une traduction de la Bible en Castillan. Cette Bible unique est la propriété de la famille des Ducs-d'Albe.
Ses miniatures sont splendides.

La traduction fut achevée en 1430 (8 ans de travail), elle comporte environ 500 feuillets (il s'agit d'une traduction de l'ancien Testament, uniquement.)
L'Ordre de Calatrava fut fondé en 1158 par le bienheureux Raymons Serrat, abbé du Monastère Cistercien de Calatrava situé le long de la frontière avec la zone musulmane au sud de la Castille.

25 octobre

Pour Jérôme Cardau le vide n'existe pas dans l'univers (16ᵉ siècle).

26 octobre

Traité de l'art du mensonge en politique.
Le mensonge rendrait acceptable la corruption du pouvoir (tout pouvoir corrompt, corrompt absolument...), ainsi s'exprime le Professeur Riedel. Ce ne serait pas la nature corrompue de l'homme qui serait à l'origine de la corruption, mais la soif de l'exercice du pouvoir. Thèse à vérifier. Voir Aristote, Machiavel, Spinoza.
J'ai contemplé ce soir le ciel étoilé et notre voie lactée.
Qu'est la mappemonde de Giovanni Benci citée par Léonard de Vinci dans ses carnets ?

4 novembre

Pour Goethe, la littérature est « le fragment des fragments. »

23 novembre

« Le bleu que nous n'avons pas sur Terre. » déclare un témoin (?) d'objet ? volant non identifié : voir Cassé.

26 novembre

Je poursuis mes études sur la Grèce antique (le choix littéraire).

10 décembre

Le déclic fut le mot « modernité » que l'on entend partout (comme spécificité...), ainsi j'ai pu procéder à un deuxième autodafé (curieuse origine populaire : acte de foi !). N'ayant aucun message à transmettre. Je suis persuadé qu'il était nécessaire – et ce sans aucun regret – de livrer au feu (divin) ces milliers de feuillets. Pour repartir à zéro ? Cela ne veut rien dire, car je construirai avec plus de rigueur. Reste l'essentiel, toujours l'essentiel.
Le marronnier a perdu toutes ses feuilles. J'ai ramassé les dernières, aujourd'hui. J'aimerais bien faire un jardin Japonais.
Je m'aperçois que je suis fidèle à mes auteurs favoris depuis plus de cinquante ans. Quant aux thèmes généraux, je les ai approfondis et ils véhiculent toujours une sève nouvelle. J'ai fait deux rêves successifs presque identiques.
Après de rudes travaux de recherches et de mises à jour, je vais reprendre : le temps et la mémoire, la connaissance préalable et la poésie.

**1996**

7 janvier

J'ai écouté la $8^e$ symphonie de Bruckner et un débat sur la science et la philosophie.
J'ai profondément ressenti la nécessité d'aller à l'essentiel et par conséquent de me débarrasser de tous ces dossiers et livres qui n'ont plus pour moi aucun intérêt. Je dois m'efforcer d'être positif dans un secteur très limité : la littérature. Je dispose de peu de temps.

L'émission sur le chef d'orchestre m'a enthousiasmé. J'ai découvert Nikhisch, Klemperer, Walter Weinlfardner, et Furtwängler et surtout explicité par un musicien d'orchestre.
J'ai redécouvert Verlaine grâce à Léautaud et Mallet, et Mallarmé grâce à Jaloux (fragments d'Hérodote, le sonnet du cygne, le phénomène futur et la préface à Vathek).

8 janvier

J'ai écouté la $8^e$ symphonie de Schubert et une émission radio sur Pythagore – un (?) génie universel. Ce soir j'ai relu Verlaine intégralement (les deux livres de poche).
Hoyle met en doute le big bang, ses thèses sont développées dans une revue scientifique que j'ai feuilletée.
« Never complain, never explain », une bien belle expression anglaise (ne jamais se plaindre, ne jamais se justifier). Je la fais mienne volontiers.
Retrouvé et relu un magnifique article de Pierre Dehaye sur la finalité de l'art. « L'art a un rôle à jouer dans cette œuvre globale de l'intelligence. ». En définitive, la finalité de l'art est l'éveil et : « la sensibilité artistique ne se développe que par le contact de chacun avec les œuvres. »

12 janvier

J'ai vu une émission télévisuelle superbe sur la découverte de l'espace – hypothèse de l'équipe USA : serait-ce une avancée aussi considérable ?
Je travaille sur Goethe et la poésie universelle.
Si toute vie est inachevée, toute œuvre l'est aussi. Nous ne produisons que des esquisses, des ébauches – les prolégomènes – arc grand œuvre.

30 janvier

Le véritable savoir n'est pas l'accumulation de connaissances diverses, c'est le choix permanent qui importe. Savoir, c'est savoir choisir. Je n'ai plus beaucoup de temps et je dois accélérer le processus.
Ce soir un beau clair de lune et beaucoup de vent.

31 janvier

« Quand l'homme abandonne le sensible, son âme devient démente. » Nicolas de Cues.

8 février

Après la très grande tempête de cette nuit (du 7 au 8), j'ai pu contempler vers vingt-trois heures, un ciel dégagé, permettant de distinguer les étoiles, nettement.
J'ai procédé à l'élimination de plus de 100 cassettes audio (émissions qui ne présentaient plus aucun intérêt – ou périmées, surtout les émissions scientifiques). Il me reste encore les bouquins. Ce sera plus facile – non technique.

14 juillet

Ce soir, un instant privilégié – Günther Waud dirige la symphonie (6) Pastorale de Beethoven. Il a été interrogé sur la musique : la rigueur des notes « foutaise » répond-il. Au-delà de la partition, il y a le spirituel, le surnaturel, le divin (éviter le concept Dieu). Nous sommes dans la lignée Furtwängler. A découvrir ses interprétations de Bruckner.
Maître Eckhart a prononcé les paroles suivantes :
« Les créatures intelligentes ne se reposent que dans l'activité qui leur est propre. Quelle est la fin de mon activité ? Ce qui est action en Dieu sera passion en moi. Ce qui en Dieu est forme sera en moi vision. »

Je ne connais pas de textes aussi incisifs. C'est un texte de feu et de brûlure, de consumation et d'exaltation.
Les arches de l'architecture divine sont rendues visibles. C'est leur rupture qui les surgie et non leur relation.

16 juillet

Alfred Brendel à l'opéra Berlioz de Montpellier joue la 32$^e$ sonate pour piano, opus 111, de Beethoven. C'est un coup de foudre, une révélation au sens religieux.

6 août

J'ai relu la Métaphysique du langage du professeur Rougier. J'ai apprécié le point de vue de l'auteur. Je le rapprocherai de celui du professeur Vendryes sur le langage (point de vue linguistique).
Les idées philosophiques engendrent l'esprit de système, et tout système vise au totalitarisme. C'est là que gît la crise de cette fin de siècle. Les solutions ne sont pas ailleurs mais au-dedans de soi-même.

9 août

Il y a vingt-neuf ans que mon père nous a quittés.
Ce soir c'est la grande nuit des étoiles.
Père, papillons, Mozart, Dante, l'abbé Moreux, Muratore, Guitry, théâtre...

15 août

Le grand chef d'orchestre, Célibidache s'est éteint à 84 ans. C'était plus qu'un chef, un maître.

18 août

J'ai écouté le dernier concert de Ross à la Villa Médicis (avril 1989). Ce claveciniste était aussi un grand pédagogue : « Je suis persévérant mais non pas patient. Persévérant, oui, patient, non. »

21 août

Je me suis recueilli sur la tombe de ma famille à Bardines. Impression confuse. Distance, éloignement temporel.

11 septembre

Soirée Célibidache. Comment les sons deviennent de la musique. « C'est cela, c'est cela disait une mélomane ». C'est Célibidache qui parle. Pour moi ce fut une révélation, mais la révélation suprême fut Furtwängler.
Cette soirée restera un instant privilégié (rare et inoubliable) avec Bruckner (sa messe) en répétition, puis quelques mesures de la $9^e$ de Beethoven et la parole de Célibidache que nous n'entendrons plus – que par la pensée. Merci.
J'ai beaucoup travaillé sur la musique.

15 septembre

J'ai écouté le concerto n°5 L'Empereur de Beethoven, et la $4^e$ symphonie de Tchaïkovski.
Ce soir le ciel est magnifique (que d'étoiles...).
Mallarmé : « La poésie est un grand échec qui se perpétue. »
Est-ce la fin de la création, ou la perception d'autres mondes ou modèles d'expression.

16 septembre

Après une incursion dans le domaine musical (étude sur les musiques, poètes ou plutôt poètes musicaux) je retourne vers la poésie.

17 septembre

Ce soir j'ai écouté l'intégrale de la Passion selon Saint Mathieu de J.S. Bach. Une cathédrale sonore.
L. De Broglie reconnaissait : « l'interconnexion universelle entre le plus petit système moléculaire et la plus lointaine nébuleuse. » Je pensai à cette phrase, lorsque j'entendis des biologistes pérorer sur le surplus d'ADN, inutile selon eux.

18 septembre

J'ai découvert, ce soir, l'unique symphonie de Chausson. J'ai perdu son Roi Arthur (opéra).

22 septembre

J'ai reçu hier, la pensée de Kohayasgi Hideo, un splendide ouvrage : « Comment dépasser la modernité ? » Question à laquelle répond ce philosophe dans son œuvre : l'expérience du « beau » est à la base de tout acte de penser.
D'autre part, une édition de Sciappus : Grammatica, Philosophica, est en préparation.
La seconde moitié du 16$^e$ siècle a vu se développer une phase « scientifique » où les sujets cosmologiques occupent une place dominante : Hymnes orphiques de Ronsard, Sommes didactiques de la fin du siècle (La Borderie, Du Bartas, Du Monin)
Contemplation, initiation et création – leurs rapports.

25 septembre

La 7ᵉ symphonie de Beethoven par Célibidache est un chef d'œuvre. Qui reprendra le flambeau ?
Relu Rilke : les élégies de Duino – la relecture est bien différente de la lecture. C'est un exercice de « grammaire poétique ». Notion à définir.
« Le mode de pensée biologique moléculaire imprègne de plus en plus notre culture » Quelles sont les réussites du génie génétique ?

14 novembre

J. Green, membre de l'Académie Française, d'origine américaine, a démissionné de cet institut, parce qu'il se sent plus américain que français.
Maître Eckhart : « Si tu vas par aucune voie sur le sentier étroit, tu parviendras jusqu'à l'empreinte du désert. » Le grain de Sénevé.
N'extérioriser aucune pensée négative.
Never complain, never explain, disent les Anglais.

5 décembre

Lin-Tsi (entretiens de) traduction Pierre de Mieiville : « Je vous le dis : il n'y a pas de Bouddha, il n'y a pas de Loi ; pas de pratiques à cultiver, pas de fruits à éprouver. Que voulez-vous donc tout chercher auprès d'autrui ? Aveugles qui vous mettez une tête sur la tête ! Qu'est-ce qui vous manque ? C'est vous, adeptes, qui sont là devant mes yeux, c'est vous-mêmes qui ne différez en rien du Bouddha patriarche ! Mais vous n'avez pas confiance, et vous cherchez au-dehors. Ne vous trompez pas : il n'y a pas de Loi au-dehors ; il n'y en a pas non plus qui puisse être obtenues au-dedans de vous-mêmes. Plutôt que de vous attacher à mes paroles, mieux vaut vous mettre au repos et rester sans affaires. Ce qui s'est produit, ne le laissez pas continuer ; et ce qui ne s'est pas encore produit, ne le laissez pas se produire. Cela vaudra mieux pour vous que dix années de pérégrinations. »

21 décembre

Le rejet officiel de la langue française en tant que moyen de communication a été proclamé dans certains pays.
D'autre part, la « culture syncrétique » et la « centralité » d'un prétendu spécialiste de « géopolitique » bavard et prétentieux, seraient-elles à l'ordre du jour ou s'agit-il des élucubrations d'un de ces idéologues patentés qui n'ont de valeur que cathodique ?
Hier soir la télévision a présenté un document de qualité sur le bouddhisme Tibétain du Bhoutan.
Y a-t-il une antinomie généralisée ?
Que devient le monisme (réflexion à propos du livre de J.M. Lévy Leblond : l'exercice de la pensée et la pratique de la science. »
Puisque selon la théorie quantique « on ne peut savoir en même temps où est l'électron et à quelle vitesse il va » que signifie le temps, l'espace, la droite, la gauche, le haut, le bas... Nous atteignons des limites (parce que nos modèles, nos concepts, nos lois, sont limités) : le point initial de l'univers, le zéro absolu... Les limites sont bien en nous-mêmes.
Sur l'illusion revoir Bouddha, Nagarjurna, Cankara, Maître Eckhart.

25 décembre

Le tripurasundari (belle dans la triple cité – ciel, terre, espace intermédiaire) s'apparente au Çivaïsme cachemirien. La cosmologie qu'il développe est remarquable et sa découverte a été un moment privilégié de la connaissance.

## 1997

5 janvier

Depuis Noël, nous vivons un hiver glacial. J'ai dû interrompre toute activité.
« Temps cosmique et histoire humaine » comment les articuler. « La présence humaine dans l'Univers se signale surtout par sa brièveté. Comment cette énorme disparité temporelle retentit-elle sur la manière dont l'homme se représente lui-même et son histoire dans l'Univers. Finalité, contingence aléatoire » Voir également « l'expérience du temps » ΟΥΣΙΑ

12 février

La position de la comète Hale Bopp ce jour est AD2000 20h10'59", Decl2000 +21°26'06", Mag 2,2.

7 mars

Sur la chaîne Arte a été diffusé un programme exceptionnel, il s'agissait du 14e quatuor à cordes opus 131 de Beethoven, l'un des plus grands moments de musique. L'interprétation par le quatuor Mosaïques, fondé par le violoncelliste C. Coin, fut remarquable. J'ai vécu près d'une heure d'instants privilégiés.

14 mars

AD2000 22h53'17", Decl2000 +42°53'17 » », Mag 0,9.

Cette comète découverte dans la nuit du 22 au 23 juillet 1995 serait la comète la plus lointaine jamais découverte visuellement par les amateurs puisqu'elle se trouve à plus d'un milliard de kilomètres du Soleil en cette fin juillet 1995.

Une heure après le coucher du Soleil (à 15° au-dessus de l'horizon Nord Ouest) on peut l'observer dans la Constellation du Lézard puis dans celle d'Andromède dans cette deuxième partie du mois de mars. Son éclat exceptionnel se maintiendra plusieurs semaines et elle sera une des plus belles comètes du XXe siècle.
Lors du week-end de Pâques, le samedi 29 mars sera la nuit de la Comète. Occultation à Aldébaran par la Lune ce soir 19h (TU) – Constellation Taureau.

4 mai

J'ai repris la poésie. Ce soir R. Ganzo : au niveau individuel, la voie du milieu est une attitude mentale face au tumulte.
La température est plus clémente (19° permet de retrouver des activités créatrices).

1 juin

Une intense activité intellectuelle m'a été nécessaire afin de réactualiser les thèmes majeurs de mon œuvre. J'ai pris une certaine distance à l'égard de travaux secondaires ou inutilisables dans les domaines poétiques et philosophiques.

Viser à l'essentiel est une ascèse permanente. Comme toute création, elle est tumultueuse. Écrire n'est pas le but, mais le moyen. Le déchirement ne vient pas de l'écriture ni de la page blanche mais du dévoilement, se retrouver face à soi. De quel soi s'agit-il et quelle est la parole proférée (V-àk). La parole minimale- la parole de feu- seule m'irradie. Toute divagation est rejetée. Ce sont des « travaux appliqués » permanents qui nécessitent une réflexion. La voie du silence se profile à l'horizon du temps.

23 juin

Se rendre maître du chaos que nous portons. De la vacuité créatrice.

**1998**

7 au 12 janvier

J'ai pensé que j'allais mourir suite à plusieurs hémorragies internes.
C'est un des plus forts moments de mon existence – mais c'est un aboutissement. En effet, les prémices remontent à plusieurs mois.
Cet événement a été un choc qui a changé l'orientation de ma vie...
Je ne m'étendrai pas sur cette situation et n'y ferai aucune allusion.
La suite se trouvera dans la dernière ligne droite.

13 janvier

Faire ce qui est impossible au talent, c'est le génie.
Amiel, journal décembre 1856
Je tente de survivre.
L'onde de vie et l'onde de mort.
Revoir le positivisme logique de Gödel (1906-1978)

8 novembre

« Rajeunir la vieillesse » formule d'une ancienne.

« Un mot contient tout le poème,
Comme la Graine la forêt
Mais c'est dans le feu que l'on sème
Pour qu'en mûrisse le secret. »
Rolland de Renéville – La nuit, l'esprit.

30 mai

L'imprégné du ciel à l'horizon du temps et de l'éternité... Faire rentrer le feu en soi.
Simplicité, humilité, silence.
L'interprétation de l'action puis l'action. L'action n'est rien sans ce frêle mouvement de la pensée : l'anticipation de l'action.
J'ai tenté de survivre. L'onde de vie, l'onde de mort.

5 décembre

Le froid...
L'esprit s'éloigne.
Le corps frappé (signe, avertissement)
Non-attachement.
Le travail a été et est encore pour moi une exigence fondamentale. Préservez-moi de l'accablement – telle serait ma prière.
« L'insurrection contre Dieu » que dénonçait Joseph de Maistre, est aussi une insurrection contre l'homme.
Le seul vrai problème c'est le mal.
La crise de l'autorité face au pouvoir en découle.

## 1999

2 mars

L'idée pour une histoire universelle d'un point de vue cosmopolitique de Kant pourrait être le thème d'une réflexion de notre temps.
Quant à son opuscule : « Vers la paix universelle » il y aurait lieu d'examiner s'il constitue réellement une charte universelle de la paix.
Toujours le vent, la pluie, le froid...
Per crucem ad lucem.

La terre n'est qu'un seuil, au-delà est ce que Carlyle appelle « le plus haut monde ».

La vie ne nous est pas ôtée mais changée.
Le moi terrestre est détruit, car l'âme est la partie essentielle de l'homme et l'homme y sera un jour établi.
L'union en nous de la matière et de l'esprit sacre l'unité de l'œuvre divine.

Metchnikoff, médecin, a recommandé l'étude du Faust de Goethe contre l'appauvrissement de l'esprit et la sclérose qu'il entraîne ; Seules peuvent se maintenir vivantes les forces que l'on exerce constamment.

## 2005

5 mai

L'herbe envahissante, l'espérance se déploie sous la cendreuse flamme.
La vigne vierge a été détruite. Question de voisinage, les murs, les feuilles mortes.
Pour P. Bourget, l'art littéraire tient tout entier dans cette ligne de Fénelon : « Ne se servir de la parole que pour la pensée et de la pensée que pour la vérité. »
Travailler à bien penser, c'est donc le principe de l'esthétique autant que de la morale.
P. Bourget professait un culte pour les idées et aimait à citer ce vers de Vigny : « Le vrai Dieu, le Dieu fort est le Dieu des idées. »
L'œuvre de Goethe a toujours été présente à l'esprit de P. Bourget.

## 2007

20 avril

Infarctus du myocarde
24 avril

Sauvé par le corps médical.

30 décembre

J'ai été sauvé par une équipe médicale « remarquable ». J'expérimente la survie.

**2009**

11 février

La survie est difficile.

**2010**

14 janvier

Les fondements de l'activité intellectuelle ont été radicalement modifiés.

**2011**

14 juin

Renouveau.
Sommes-nous dévorés par la surinformation, l'information superflue, quelle voie possible et quelle pédagogie de l'avenir de la personne et de la société ?

**2015**

10 mai

Décès de Roselyne.

31 mai

C'est la fête des Mères.
Mère tu le fus, exemplaire et aimante.
Tu as été ma femme, je fus un mari difficile, mais comme je te l'ai dit, lorsque je t'ai rencontrée, je fus saisi d'un vertige (coup de foudre ?) et j'ai su que tu étais le plus beau soleil de ma vie.
C'était le 2 juillet 1948. Cela fait soixante-sept ans.
Je n'imaginais pas la fin si brutale mais douce.
Je me suis rendu compte à ce moment précis que le monde s'éteignait sur la musique de Schubert.
J'ai rassemblé tes écrits avec beaucoup de difficultés – ton écriture parfois est illisible comme moi.
Tu aurais aimé l'émission sur Sibelius, tu aimais ce musicien.
Je ne saurais pas te dire dans quel état je suis. Est-ce un état ; un manque d'être. Je te signale que tes petites bêtes font bloc avec moi (quelques difficultés avec Choqui, erratif, mais cela s'arrange).
Ton éloignement indicible ne serait-il pas ce voile que mentionnent les mystiques ?
Mon âme s'épuise, et je suis sans voix.
Les fleurs que tu as acquises et que tu as effleurées ramurent.
Les pensées pures, liens de l'espace visible, contraignent à l'élévation plus qu'à la célébration.
L'effroi s'explique et rassure en même temps, tout s'efface dans la frénésie du vent.
Nos motivations sont vaines puisque nous ne disposons pas d'appui. Vanité vivante, je cogite sur ta messe grégorienne.
Le temps terrasse nos projets mais ne peut en aucune façon nous priver du chant et de la musique. Tu l'as toujours éprouvé parce que le sceau de la musique t'envahissait.
Tu allais au fond des choses, ton œuvre littéraire est la quête d'une vie entière.

8 juin

La musique, les photos, la lecture sont des supports qui permettent d'atténuer la douleur psychique ; Les appels téléphoniques de Gérald et Thierri raccrochent à la réalité humaine face à la réalité physique.
J'ai découvert Sainte Thérèse d'Avila et je comprends mieux les rapports que tu avais avec ce grand Esprit.
La séparation...Je ne trouve plus de mots pour la traduire. Pour moi c'est le sujet de l'anti-être.

11 juin

Thierri m'a téléphoné. Il a l'édition originale manuscrite de ton œuvre. Je possède l'édition qu'il a fait imprimer. Je contrôlerai comme tu me l'as demandé les verbes, la grammaire en définitive.
Ton roman sera pour moi le plus grand des temps modernes.

14 juin

L'infini ne comble pas, il s'étend et je ne peux le surmonter qu'avec difficulté. Chaque jour est différent. L'habitude a perdu tout sens. Le fleuve coule et la rive disparaît, s'éloigne plutôt.

19 juin

Oubli, souvenir, prière sont dépassés. Ces mots souvent vides de sens. Dans les dédales de la consolation l'homme s'éloigne de l'objet aimé.
Ce qui prime, c'est la présence éternelle de l'être – ce qui subsiste du temporel, présence qui ouvre à la lumière.

29 juin

J'ai entendu mon prénom « Jacques ». Confusion de mon esprit ou réalité ?
J'hésite à aborder le problème du temps – l'Eurydice d'Orphée a traversé le voile sacré et la lyre d'Orphée n'a pu la retenir.

10 juillet

Deux mois d'absence. Qu'en sera-t-il ?

13 juillet

La solitude est silencieuse.
La vie brise les velléités. Que restera-t-il. Ce que l'on nomme la présence, aujourd'hui l'individu, ne vivons-nous pas d'illusion créatrice. Voir les délices de l'art, de l'art total.
L'Univers n'est point illusoire.
Ton visage m'envahit au contact de J.S Bach.
J'étais foudroyé.

15 juillet

La vacuité envahit la vacuité.
Entre nous il n'y a ni temps, ni espace.
L'homme se raccroche aux souvenirs (photos, images de rencontre, objets de toute nature...)
Mon esprit n'apporte aucune perspective.
Mon petit frère Gilles a complétement disparu de ma mémoire (nos chers disparus !).
Nous avons des photos de Pluton et nous possédons une pierre datée de 3,5 milliards d'années qui prouvent le début de la vie organisée sur notre Terre.
À peine sommes-nous au niveau de la pierre. Y a-t-il un ordre dans la nature ou une transformation permanente ?

26 juillet

L'anniversaire de Ta naissance.
Un ange est apparu.

8 novembre

Qu'est-ce qui s'est brisé en moi depuis Ton départ.
Je ne puis réprimer ce désespoir, même la musique ne m'est plus d'aucuns secours.
La musique aurait tendance à l'aggraver.
J'ai écouté ce soir les variations Goldberg de Bach.
Ta grande interprétation.
J'ai enfin rédigé ma lettre à Amandine.

## 2016

29 octobre

Ce trimestre écoulé. Je ne surmonte plus ton absence. Je pleure chaque jour. Sensation d'effondrement. Absence de projet réaliste sur le plan littéraire, seuls liens indéfectibles, les souvenirs de mes premières recherches à Angoulême à la Bibliothèque municipale.

Ce n'est pas la solitude qui m'accable, c'est ton absence, tu as été le plus beau soleil de ma vie. Je te l'ai dit il y a longtemps et toujours avec la même intensité. Je me prépare à je ne sais quoi. Attente. Je ne pratique pas l'exhortation, c'est plutôt le contraire, les pleurs accomplissent cet état. Le besoin d'ordre pare à cette dévoration.

## 2017

« Les gens qui puisent ce sont les gens qui perdent. »
Morindir

Juin

Je revenais de la boîte aux lettres lorsque j'entendis mon prénom répété plusieurs fois « Jacques, Jacques, etc... »
Je m'arrête au milieu de la route. Je cherche d'où vient l'appel qui s'arrête brusquement.
Je reste muet devant ce phénomène sonore sans aucune explication.

## 2018

La misère physique permanente finit par corroder les appréciations d'une proposition verbale.

*Cristallographie*

*Cristallographie*

# PRÉLUDES INTEMPORELS
## *Rêves*

*Cristallographie*

*Onirocritique : Interprétation du songe*
*Le rêve visionnaire nous transporte dans le « monde imaginal » Henri Corbin*
*L'abbé Baillet commente un rêve de Descartes.*
*Jung : Le rêve est un drame se déroulant en plusieurs actes, de l'exposition au dénouement. Il remplit une sorte de compensation par rapport à la vie.*
*Le rêve rempli une fonction du caractère. Il est à l'origine de l'élaboration de la création dans tous les domaines et les œuvres.*
*Le rêve est aussi le reflet du système qui constitue l'inconscient collectif, source profonde à la fois de l'archétype et du mythe.*
*Le rêve prémonitoire : le sommeil se décompose en cinq phases, 1 à 4 le sommeil ordinaire, 5, le sommeil paradoxal qui est le support du rêve.*

*« À l'horizon du temps et de l'Éternité » Nicolas de Cues*

*« Le temps du rêve éternel. Les aborigènes australiens. Nous vient le temps hors du temps, le temps du rêve créateur » Pierre Bertaux*

Rêves accompagnés de quelques notes biographiques susceptibles d'expliciter les rêves ?

## 1937

Orage de printemps.

**1956**

21 février

La nuit rapproche les étoiles.

**1962**

26 août

Un canot rapide navigue sur les rivières intérieures de Hollande. Je suis à l'intérieur du canot, et il pleut fort au dehors. Le paysage est magnifique. Je me réveille quand le canot se prépare à entrer en mer. Le désir de visiter la Hollande et de posséder un canot sont manifestement les causes profondes de ce rêve. Comment dégager une prise de conscience d'un tel rêve. C'est avant tout l'esprit d'aventure qui accompagne ce rêve et je sais que je ne pourrai pas me promener dans la Hollande dans de telles conditions, donc ce rêve s'il est en contradiction avec la réalité n'en constitue pas moins la réalité d'un désir.

**1963**

13 avril

J'ai vu ma mère foudroyée, gisante sur son lit et râlante (décédée le 7 avril 1980).

3 octobre

Lu onze textes importants de Schelling.

**1965**

16 septembre

Dans l'ardente consumation d'un amour tendre, je prie avec vous pour Celle qui fut avant tout un cœur pur héroïque.

26 septembre

Le visage de Roselyne.

**1966**

30 septembre

Château en feu où un chanteur avait installé son mobilier.

4 octobre

Je me baigne seul dans l'eau. Une jeune fille s'étonne que je me baigne seul dans cette eau plutôt froide.
Vue sur un jardin, des officiers y circulent dont un notamment qui me montre ses décorations (sorte de blason étalé sur l'habit). Ils semblent cernés dans un bois mais s'efforcent de se replier (...et nous résisterons coûte que coûte...). Je les aperçois traversant un village.

21 octobre

Un animal à fourrure me griffe, à ce moment je m'aperçois que mon index droit a été griffé.

**1967**

15 février

La mort est facile. La bouche entr'ouverte de Toutankhamon nous invite à mourir au monde. (Décès de mon oncle le 26/06/1967, décès de mon père le 9/08/1967)

21 avril

9 pierres représentant les sept couleurs de l'arc-en-ciel, la Lune et le Soleil, 7 femmes sacrées de bijoux inondés, femmes lumineuses sous l'onde pure du feu cristallisé.

4 mai

*Visite de l'exposition Toutankhamon au Petit Palais à Paris dont l'initiative revient à André Malraux. « Ô vous qui passez près de mon tombeau prononcez mon nom, osez prononcer le nom d'un mort pour le faire revivre, et cela vous sera rendu au centuple ». Akhenaton : l'horizon du globe terrestre, l'antique Cité. Celui qui est utile au globe solaire.*

À rapprocher du rêve du 15 février.

22 juin

La tension intérieure, ce phénomène de l'âme aux prises avec elle-même.

23 juin

*Orage exceptionnel.*
Capacité de résistance à l'espérance, l'inexorable, l'impassibilité. La sérénité évacuant la crispation.

29 juin

Je suis avec un petit groupe d'hommes volontaires. Nous attendons ... Vie ou mort. La sensation horrible de l'attente. (Mon oncle Jean décédé le 26 juin.)

3 juillet

Ma demande de volontariat est dévoilée, et un policier la lit.

8 au 9 septembre

Je revis l'état de privation de vie de mon père. Un mois soit 31/32$^e$ jour de son décès, et mon cri « mon père est mort », répété. Réveil brusque 3h10 du matin le 9 septembre.
Hypothèse : cela m'incite à penser que le décès de mon père se situe vers 3h10 au matin du 9 août.
La réalité : d'après ma mère elle aurait reçu le coup de téléphone vers 2h30 du matin disant qu'on ramènerait mon père à la maison.

5 novembre

La bière de mon Père était entr'ouverte, mais je demeurais.

Date perdue

J'étais en crise d'épilepsie, j'étais mort et je disais : « Ce n'est pas facile de te voir. »

**1968**

30 novembre

Massacre en bleu, polaire.

**1970**

6 août

J'ai perçu le bien, la relation, l'homme est la confirmation de l'univers.

**1971**

30 août

Vision de ma cousine.

**1973**

3 février

Vision de Patrick Desmards (?) Qui est-ce ? Je ne le sais pas.

28 août

Je composai Aphélie lorsque sur ma gauche je vois un oiseau noir, les ailes dépliées et agitant celles-ci. Je me lève d'un bond, je suis foudroyé, le jardin se recourbe, je perds l'équilibre. L'ai-je vraiment vu ?

Décembre

Je suis mort, ma mère cherche partout un cercueil.

**1974**

18 février

Théorie de l'unité réalisée.

**1975**

23 avril

Amour, fidélité, éternité, conflagration cosmique pour le meilleur et pour le pire.

8 juin

Abolition du temps, destruction du soi.

27 juin

Je rends l'homme à un hymne à la joie, à un chant de joie.

10 septembre

Un tombeau magnifique avec beaucoup de décorations. Là m'avait inhumé une belle jeune fille espagnole.

11 septembre

Le rire du cimetière de Valenton.

**1976**

5 janvier

Maison de campagne où il y avait beaucoup de chats en liberté. (Réalisé en 1990)

6 janvier

Je suis allé à A* en recherche d'une situation et dans le terrain que je traversais, je vis une petite maison vide et de nombreux chats qui me suivaient, du noir au blanc, dont un chat de gouttière.

10 février

Je me trouvais à une table, invité ? Par VGE et M. VGE reprochait à M. son insolence à son égard.

3 mars

Les Japonais semblaient m'avoir fait prisonnier (!), je leur offre du poulet.
Dans un théâtre vide, il y a deux pianos et un pianiste qui joue très fort. Derrière le piano, un petit

mur a été édifié avec des galets. Il y a deux galets noirs qui semblent accompagner le pianiste en démolissant le mur en jetant les galets les uns sur les autres.

3 juillet

L'obscur BP 14 Paris 13 ? J'ai entre les mains un livre magnifique, papier glacé comportant des illustrations.

26 juillet

Un docteur tente de me faire une piqûre dans la jambe.

**1977**

14 février

Je me suicidai en m'ouvrant les veines, beaucoup de sang.

26 avril

*Le système nerveux central accélère le processus d'évaluation et de globalisation. Cela permet d'expliquer « les fuites en avant », ces mémoires du futur, mais il y a aussi activation de la mémoire du passé, j'en ai la certitude et la confirmation.*

15 avril

J'ai rêvé que mon Père et moi nous trouvions à Bodinot. Mon Père était habillé avec une veste et un pantalon de type américain et il désirait partir. (Probablement pour rentrer à son domicile).

16 avril

Nous invitions à dîner un ami qui ne parlait pas ou se dérobait à nos questions.

17 avril

Je rêve à mon ancien employeur.

8 mai

Je suis à Bodinot.

9 mai

Je me promène ...

10 mai

Je me promène avec ? Puis avec une « pakistanaise » sur une route de campagne. Un enfant tire une balle de revolver. « Il manque une balle, dis-je ».

11 mai

Mon père coupe du bois avec une hache dont le tranchant était en bois dur.
Une personne déménage des livres d'enfants pour les remplacer par des livres et des revues d'intellectuels. Je demandais à récupérer un manuscrit et faisais un exposé sur le sanskrit.

13 mai

Je me trouvais dans un cours de stage et l'on me donnait un film. Un des stagiaires faisait remarquer que l'on devrait pouvoir choisir entre le cinéma et la pêche en fonction de ses intérêts.

14 mai

Un serpent à écailles bleutées sous le soleil sifflait et s'apprêtait à piquer. J'étais poursuivi par les Allemands qui tentaient de me saisir.

8 juin

Des musulmans indifférents à la foule étaient agenouillés et priaient.

9 juin

Je priai pour que la pluie cesse, ce qui fut fait.

15 juin

Bodinot. Je me promène avec une petite fille. V. me montre le bureau d'un docteur en médecine installé dans l'arrière-cour, le ciel est couvert.

17 juin

Je me promène à Bodinot avec V.

19 juin

Je me promène avec un ami en autobus, en vélo, via des souterrains à Besançon.

8 août

J'écrivais mon prénom. Au même moment j'étais appelé. Je ne le sollicitais pas.

15 août

Une personne me trahit dans mon travail, elle me prépare un piège.

26 août

Même événement que le 8 août.

29 août

J'ai vu la mort en face. Hospitalisation.

**1978**

17 février

J'ai vu le cadavre de Repaire (actrice), Le squelette habillé est debout.

22 février

Je rêve de mon oncle Léon.

23 février

Je vois une soucoupe volante bleutée.

23 juin

TAYNE. S'agit-il du philosophe ?

18 août

Dans une cave, je goûte du vin avec mon père.

5 novembre

Dans un parc un petit garçon sourit. (Franck ?)

8 novembre

Thierri ne peut me donner un verre d'eau.

## 1979

29 janvier

Un agent commercial au milieu d'une assemblée restreinte présente des planches de psychologie.
Je réagis violemment contre Socrate et le socialisme qu'il a engendré, psychologie répressive, Socrate a fourvoyé la psychologie – il faut liquider l'impuissance de la psychologie socratique qui investit tous les domaines de la pensée. Socrate est éminemment subversif. Le connais-toi toi-même est une sentence subversive, le socratisme participe à la dénaturation de l'homme au même titre que le sectarisme qu'il contient en ferment.

18 juillet

Je voyais un corps devenu mortel.

19 juillet

Mes grands-oncles Dubois me parlaient.

20 juillet

Je suis à Bodinot.

## 1980

Lundi de Pâques

*Maman est décédée, elle a été inhumée le 19/04/1980. À 38 ans d'écart, la même date, ma grand-mère maternelle disparaissait.*
Voir rêve du 13 04 1963

16 décembre

JOHN ? C'est la 124e planète découverte...

**1983**

4 novembre

Mon Père était couché et j'allais lui dire bonne nuit et l'embrasser.

**1984**

18 janvier

Un baiser. JO-A-NNA ?

6 juillet

Une maison de campagne et dans le jardin un chat magnifique.

12 août

Le plus beau soleil de ma vie, une seconde d'éternité.

Octobre

Ongles coupés des mains et des pieds.

**1985**

3 juin

Mon Père dans une petite maison, mon grand-père paternel, nous sommes en tenue campagnarde.

**1986**

17 février

Je me suis réveillé au moment où je mourrai d'une crise cardiaque.

## 1987

3 avril

Une grande maison de campagne peu confortable certes, mais avec une immense charpente mobile et un escalier central. Maison de mon grand-père ?
*En juin 1989 j'achetai cette maison à Maizeron Charente Maritime, elle dispose d'une immense charpente et l'escalier est bien central.*

21 juin

J'entrais dans un mouvement particulier, j'étais dans un couloir...

19 août

Déclaration d'un Initié « tu es un grand littéraire ».

« C'était en mai, au nouveau temps d'été ; fleurissent et verdissent les prés » 1150
Le silence à l'oubli. Le silence. Ce qui est secret doit demeurer secret.

## 1990

16 décembre

Vision du terrorisme sanglant. (*Dans la journée du 17 une information radio mentionne la résurgence du terrorisme en cas de conflit USA Irak.*)

## 1992

13 février

Achat d'une maison à distance, à Barbezieux.
J'ai entendu ? des pas dans la maison, le battement d'une porte puis les pas s'effaçaient.

16 avril

Je suis l'objet d'une chasse à l'homme qui projette ma mise à mort.

18 avril

« Rigueur et précision » dit le grand secrétaire.

**1993**

22 avril

Je me rendais vivement à l'exposition d'Aménophis III.
Je remarquai à ma droite au-dessus d'un meuble une fenêtre ouverte où je vis un enfant très jeune, décédé.

2 mai

J'ai vu Régis en habit blanc effectuer des marines sur un quai.

29 juillet

Sous l'arche de grand marbre rose, une table géante en marbre de carrare sur laquelle a été dessiné (par quel procédé) un planisphère, une mappemonde au 13$^e$ ou 14$^e$ siècle. Le fils du Roi y apposa son sceau, drapé d'une cape bleutée doublée de satin rouge, portant des gants noirs très relevés, montant jusqu'aux coudes, et un foulard sur lequel étaient incrustées des perles d'or représentant le zodiaque.
Il leva sa main droite et regarda dans la foule une tête qui semblait aller de la droite vers la gauche puis revenait. On entendait murmurer. Mais soudain le vol du sceau provoqua le silence total.
Le fils du roi sourit à la tête qui d'un mot d'approbation lui reparut.

Ainsi était scellé le pacte avec l'adepte.

17 décembre

... Une brigade apprend à tuer à la baïonnette... Horrible.

**1994**

Mars

J'étais à Barbezieux, un livre à la main, il pleuvait très fort et je me rendais chez Me J.
Je serrai les mains sur le livre.
J'étais toujours à Barbezieux dans une rue que je ne reconnaissais pas en me rendant chez Mme J. Je pensais qu'elle avait tout simplement disparu. Je voulais voir la maison où je suis né, que je ne reconnaissais pas tant il pleuvait fort. (58 rue du Champ de Foire Barbezieux.)

Octobre

J'étais avec un camarade de classe Isquin, je me trouvais dans sa famille.

4 novembre

Hôpital, prison, mort...

Décembre

J'étais avec l'ancien Président V. et il me montrait quelque chose...

26 décembre

Nous parlons, Bush, l'abbé Guyot et moi-même.

**1995**

30 mai

Dans le jardin joue Pucelle la petite chatte. Un motard distribue les journaux.

**1996**

2 janvier

Je rencontre X. qui m'a fait traverser les frontières pour transporter ? dans une valise. Je ne sais de quoi il s'agit.

5 février

J'étais à Bodinot, je ne sais ce que j'y faisais – en tout cas l'atmosphère y était très agréable. Je n'en ai rien retenu.

6 février

Dans un couloir d'immeuble, hôtel ou habitation, des soldats ou musiciens en uniforme s'engouffrent avec précipitation, à la recherche ? Je me trouve dans le couloir et je m'écarte pour les laisser passer en déclarant : « ce n'est pas moi. »

4 mars

J'ouvre une porte...

16 octobre

J'étais avec Yvette, ma cousine germaine, je ne sais pas de quoi nous nous entretenions, à quel propos ?

**1997**

3 février

Je vois une abbaye dont le nom commence par PRAE... ? (*Il existe une commune dont le nom est Praecq ; ce peut être une référence à Praetarius Michael 1571-1601 ; praesidium ?*
*Praed 1803-1839 parlementaire. Praet Jean 14ᵉ siècle Poète Néerlandais (les leçons de béatitude, poème didactique considéré comme l'un des plus poétiques du genre.*
*Prae en latin par devant, en avant.*
*Praetorius, esprit encyclopédique Maître de Chapelle, traité Syntagma musicum, Traité de l'orgue...)*

16 février

Dans une file d'attente je vois ma tante, mais en me rapprochant je me rends compte que ce n'est pas elle.

14 mars

Thierri venait de vendre un manuscrit.

4 août

Je me trouvais avec D. et nous étudions les modalités d'un placement.
(Nuit d'orage avec éclair et tonnerre.)

27 décembre

Je me trouvais dans un train et je m'apercevais que mon portefeuille et mes papiers avaient été subtilisés. Je faisais remarquer que la photo de mon père seule pour moi était une perte considérable.

## 1998

J'avais gagné un concours, ma mère avait remis des photos d'enfance à l'organisateur du concours.

1 janvier

On fait appel à R. pour constater les dégâts du contenu de l'abri.

18 janvier

Cercle rouge ou couronne rouge.

6 mars

J'étais l'hôte du Président C. qui m'entretenait de politique et qui me raccompagnait dans sa voiture à la gare. Tout en le remerciant et en pointant mon doigt sur son front, je luis dit « Si on peut quelque chose pour vous. », et nous nous séparâmes.

5 juillet

Je voyais un homme trapu, comme dans une comédie américaine, assis sur une chaise élevée et présentant ses chaussures d'une pointure inimaginable, peut être 60,70.

26 juillet

J'étais dans une station avec paquets et valises, et j'appelai ?
Puis au guichet je déclarai que j'allai à Bordeaux, puis dans un hlm où une inondation endommageait le plafond. Je me dirigeais vers la sortie à reculons, car débouchant sur un hôpital ?

9 septembre

La grille était posée. (Elle le fut le 11)

5 octobre

Je discute avec J et lui fais part de mes problèmes, puis je lui déclare, la promenade continue.

10 octobre

Henri Toulerment, vins et spiritueux est en cessation d'activité. Je me trouve mêlé à cette affaire. À quel titre ?

20 octobre

Je me trouvais à la G. et j'étais entouré de quelques amis à qui je précisais que pour être député, il ne fallait pas être seul.

10 novembre

J'ai vu un homme (bibendum) assis dans l'herbe, un livre à sa droite, qui avait des difficultés pour se mouvoir.

20 novembre

Je suis dans un grand magasin qui me présente des chemises type l'oiseau de mer, je précise que je suis abonné depuis plus de quinze ans à ce genre de chemises.

**1999**

3 février

J'étais avec le Président M.

28 février

Je me trouvai dans un Pays africain au milieu de la population et je demandais le poste ministériel des services secrets (?).

5 mars

Je me trouvais à un concert dirigé par R. Wagner, émacié, défiguré, son visage était terrifiant.

## 2000

3 février

Le « Renard » (série télévisuelle) me donnait une consultation médicale et me disait en pointant son doigt sur mon estomac que je devais me soigner.

13 avril

Un homme, un revolver à la main, ordonne à un groupe de clients d'une banque (?) de remettre son argent personnel.

5 mai

Je trouve une clé et une montre dans la terre présentant des traces de rouille que je remets à A.

6 mai

Je rêve à « orage de printemps ».

13 mai

M. me donnait l'accolade.

23 juin

Je rencontre un Tibétain. J'effectue une démarche et je reviens l'informer d'une solution.

22 juillet

Je suis avec Ivie, mais je ne me souviens de quoi que ce soit.

5 août

Je rencontre Joa et je l'entretiens de la dispersion des cendres suite à une crémation. Je ne sais où je me trouvais. Nous poursuivions une conversation pleine d'intérêt.

12 août

Je parlais du sanskrit en précisant Devanagari.

26 août

J'avais un beau médaillon. Était-ce une œuvre d'art ? Un signe du zodiaque ?

7 novembre

Je tentai d'embrasser mon père.

15 novembre

J'étais à une noce, je rencontrais M. et tout en lui faisant remarquer qu'elle était belle l'interrogeait : « pourquoi ne faites-vous pas du cinéma ? »

23 novembre

Je me trouvais dans une salle de réunion publique avec une personne qui m'accompagnait. Je demandais à prendre la parole « vas-y ! » ai-je entendu. J'entrevois une image des premières paroles de mon discours ? Quel discours ? Sur quel sujet ?

1 décembre

Je me retrouvai dans ma chambre, j'étais jeune peut-être quatorze ans, assis sur mon lit face à une personne inconnue.

## 2001

J'organisais un banquet (famille, amis ?) Je constatai une incomplétude manifeste, une partie de morts n'avait pas été invitée. Je revois une longue table...

Mars

Je me trouvais probablement dans une salle d'hôtel. Les serveurs avaient installé les couverts. Il y avait beaucoup de mouvements. Un « leader » discutait avec un de ses collaborateurs. Je ne savais que faire apparemment. Le « leader » dit à son collaborateur « Envoyez M.P aux obsèques de ... »

23 mai

J'étais face à X.
Et je me posais la question suivante : « mais je n'ai aucune sympathie pour cette personne, que fais-je ici ? »

8 août

Je suis entré dans une boulangerie très belle d'aspect, et je demande à la boulangère qui se

trouve à sa caisse où se trouve la maison que je recherche. Celle-ci m'indique qu'elle en est proche et se propose de m'y accompagner. Elle montre l'endroit derrière une construction habitée avec jardin et me dit que c'est ici.
À ce moment, je vois le terrain, la maison, une construction massive non terminée, comme s'il n'y avait que la façade ; je visite et retrouve le chemin au fond où j'avais vu mon Père dans un rêve précédent et très ancien.
Plus tard je me retrouvai avec la boulangère qui me posait diverses questions sur cette maison, allais-je l'habiter ?...
Puis je suis dans un hôtel, et je me réveille brusquement. (*Dans ce rêve je revois exactement la maison, le chemin, les alentours que j'ai vu dans un rêve plus ancien 6/07/1984 sauf que mon Père ne figure pas dans celui-ci.*)

2 septembre

Une voiture servant au déménagement emmène le matériel qui a servi à l'installation de Maizeron.

22 septembre

Je ressens des vents de 400 à 500 km/h.

**2002**

8 juin

J'étais en Chine poursuivi par ... ?
Je fuyais dans des conditions dramatiques.

4 août

Je croisais des cadavres de chats dans le jardin.

5 août

J'étais à Bodinot où il y avait de nombreuses personnes.
Je circulais avec J.V. S'agissait-il d'un bal ? D'une noce ? Ou autre chose ? Et à quel titre ?

20 août

Je participai à une réunion, probablement d'information, et un des animateurs me prenait à part et en me parlant me conduisait à l'écart pour poursuivre l'entretien.

27 août

Je faisais visiter à D. la construction d'une grande usine. Il n'y avait que les murs en parpaings qui étaient montés. D'autre part D. père devenait mon bras droit, mon alter ego, et son fils représentant général.

13 octobre

J'étais avec J.T, un grand acteur. Nous nous trouvions dans un théâtre et je lui faisais remarquer qu'on ne le voyait plus depuis longtemps et il me répondit « Ah ! Je suis toujours en service... ».

29 octobre

Une phrase commençant par ALLONGE...

13 décembre

Réunion de famille, ma mère et Denise préparent le repas. Impatient, je désirai partir en voiture...

## 2003

9 janvier

J'ai vu Maïssa (le chat qui a quitté la maison) se réfugier dans une bâtisse au cœur du rêve.

10 janvier

Un petit chat noir se trouvait devant la grille mais ne rentrait pas dans le jardin. Je ne sais pas ce qu'il est devenu.

26 février

Je voyais le marronnier frappé par la foudre.

25 mars

Je me voyais, la raie de cheveux au milieu, et je ne me reconnaissais pas.

13 avril

Je recevais une forte somme, je ne savais d'où elle venait.

15 mai

Je prenais un avion, vol de nuit, à destination de Nantes.

17 juin

Je me trouvais dans un refuge et à pied je tentais de rejoindre Bodinot à travers champs.

3 juillet

Je suis dans un cabinet médical, on m'ordonne un arrêt de travail de 15 jours.

9 juillet

Je suis à paris sur un quai de métro et je cherche la correspondance pour la gare de l'Est.

14 août

Je découvre le visage d'une personne qui m'accompagne, mais je ne puis distinguer qui est cette personne qui s'intéresserait à moi.

11 octobre

Je recevais la visite de F. Nous étions au salon et il marchait, la tête haute, et observait avec attention. Je lui dis : « vous êtes mon Dieu et mon Héros. », tout en recherchant le dossier que je lui ai consacré. À quoi travaillez-vous, me demande-t-il. Je réponds : « La physique quantique. ».

Novembre

Je bois de grands verres de vin blanc. (Spécialement interdit par mon médecin)

13 décembre

Je courtisais R alors que celle-ci me réclamait 200 F. Je lui disais qu'elle était toujours aussi belle malgré l'âge.

## 2004

21 mars

Je me trouve sur la place du Champ de mars à Angoulême et je recherchais R. alors que nous étions séparés.

12 avril

Je rencontrai X qui m'informait des conditions de paiement d'un véhicule, je prenais note car je recherchais ce modèle de voiture, objet de mes rêves.

14 mai

Je me trouvai dans un grand magasin à Angoulême. Il n'y avait pas de vendeurs et les clients parcouraient les allées jusqu'à la réserve.

31 mai

Je me trouvai dans un garage, réparation, achat ? et je devais régler une facture.

26 juin

Je pénétrais dans une chambre où se trouvait un lit en fer sur lequel reposait une personne décédée (à ma droite).
Mais en entrant je voyais à ma gauche la même scène (comme un reflet) et ce, un instant.
J'étais maintenant assis sur une chaise à côté du lit.

19 août

Je rencontrai P. et lui faisais remarquer que sa maison était toujours fermée. J'en déduisais qu'elle était un théâtre.

24 août

Je discutais avec une personne ? dont je ne partageais pas le point de vue, et tentais de le persuader que dans cette occurrence, il n'y avait d'autre solution que la manière forte.

8 septembre

Thierri se propose d'éditer mes textes.

26 septembre

Je me trouvai dans le cabinet médical de B. Nous discutons de placebos et de leur importance dans les maladies. D'autre part, on apercevait en partie derrière, une personne ?

20 novembre

J'étais dans un grand immeuble moderne – bureaux d'entreprises.
Je sortais d'un cours magistral ? Accompagné d'une personne, homme ou femme ? Je discutais avec elle et nous nous rendons à nos chantiers. Je vantais les bienfaits de l'amour platonique.

## 2005

1 février

Je rencontrais Yvie, puis elle disparaissait et je la retrouvais enfermée dans une pièce non indiquée...

2 février

Chiffre 49.

13 février

Je suis poursuivi et me réfugie dans une chambre d'hôtel.

7 juillet

Je suis dans un parking de voitures poursuivi par un homme et une femme, habillés avec élégance.

**2006**

7 janvier

Je suis dans un aérodrome, salle d'entrée et d'arrivée, je m'avance vers T. chef d'orchestre, et lui adresse mes compliments. Je lui dis : « Depuis F. et K. vous avez apporté un souffle nouveau. » Le maître T me regarde étonné, me remercie, puis je me retire.

13 janvier

Je me déplace rapidement avec un personnage au milieu d'une multitude de personnes inconnues qui semblaient participer à une bacchanale.

4 mars

Je me trouvai dans une salle (de spectacle) ou de conférence avec une personne qui m'est inconnue et je devais trancher un problème d'amitié.

26 juin

À la table de la salle à manger, une personne ? Buvant du café dans une tasse...

1 novembre

J'étais dans une ville et je me rendais à une pharmacie lorsque je rencontrais un homme que je ne connaissais pas et qui me proposais une location de maison d'habitation.
Je lui demandai toutefois s'il était en règle avec les impôts. J'étais plus que sceptique.

4 novembre

J'étais dans un train en partance pour Paris.
Dans ce train se trouvait une femme qui ressemblait à une actrice, mais disparue, avec laquelle je m'entretenais.
À ma descente de train je demandai quelle ligne de métro je devais emprunter…

18 septembre

Dans un grand bureau vitré règne une grande effervescence.
Il s'agit d'éliminer JP de tous les concours et de mettre fin à ses prétentions de gain important.

**2007**

23 février

Je cherche à acheter une montre, je rencontre une personne inconnue (représentant ?) qui m'emmène dans une demeure à plafond très bas comportant un petit bureau.

2 mars

J'affirmai à un inconnu que j'étais un libéral, un néo conservateur.

23 mars

Je marchais allégrement mon chapeau sur la tête et mon second chapeau dans la main droite.

**2008**

24 février

Vol de ma voiture à Angoulême...

24 mars

J'étais dans une salle de théâtre et l'on me faisait remarquer qu'il fallait payer une traductrice.

8 mai

Un papillon blanc avec deux couleurs bleu et jaune s'est introduit dans ma chambre.

23 août

Je suis dans une ville de campagne et je cherche par tous les moyens à rentrer à Paris. Je recherche la gare SNCF que je découvre. Il y a foule, je réussis à obtenir une place avec supplément dans un wagon. Je me retrouve après un rendez-vous dans un hôpital dont je m'enfuis.

5 septembre

Il y avait de nombreux ouvriers qui effectuaient les réparations nécessaires à une maison. Nous nous retrouvions les ouvriers et nous-mêmes assis autour d'une table rectangulaire pour discuter. Cette maison et son entourage étaient identiques à celle d'un rêve antérieur. (7/08/2001)

9 septembre

Nous avons invité un collaborateur de travail d'origine asiatique à déjeuner avec nous à Angoulême.
Nous nous sommes séparés et je me suis perdu dans la ville. Au niveau de la gare, ce fut une personne qui me permit de rejoindre le centre-ville.
Je venais de reprendre mon travail après une longue absence due à une maladie.

5 octobre

Je me trouvai dans un fond de magasin et je suivais une jeune fille blonde en tailleur noir. Un ouvrier me montrait une fuite d'eau permanente sur un mur en béton.

12 novembre

Je me trouvais avec Thierri qui m'entretenait de la situation financière suite au dérèglement boursier.

**2009**

8 février

Place Saint Cybard (Angoulême) j'attends peut-être l'autobus, en tout cas je souhaite me rendre à..., à pied. Je déambule vers un ensemble de logements de standing. Les pièces sont très grandes. Je rencontre un homme assez grand qui me tend un papier imprimé. Je ne sais pas ce qu'il contient, et ne le prends pas.
Je poursuis ma déambulation. Les lumières de la ville sont intenses.
Je renonce à mon voyage.

9 février

Je te veux te dis-je, toi ! Et à ce moment-là elle repart chez elle... Plus tard une dame et son petit garçon semblent être bloqués dans un appartement où je circule et à l'annonce du départ des « meneurs » elle s'enfuit, tenant par la main son petit garçon.

1 mars

Rencontre, escapade pastorale puis départ, disparition.

9 avril

Je suis avec JP dans une maison à l'intérieur de laquelle le désordre règne.

2 mai

« Non, c'est en bois de frêne. »

5 juin

Je vantais les mérites d'un yaourt.

26 août

Je déambulai dans un village inconnu, et je demandais quel chemin je devais prendre pour rejoindre Chalais.
Aucune réponse positive.
Je rencontre un couple de fermier qui se proposait de m'accompagner. Mais il n'en fut rien, et je poursuivais dans la nuit mes pérégrinations pour rejoindre Chalais.

7 septembre

Au milieu de la campagne, dans un village, un couple inconnu m'indique la direction à prendre pour rejoindre ? Il se propose de m'accompagner, je refuse.

15 septembre

J'étais de nouveau dans une petite ville de campagne et je cherchais à rentrer sur Paris, difficulté pour trouver un taxi, pas de solution, réveil brutal.

15 novembre

À la campagne, deux maisons sont à vendre, pleines de défauts, il s'agit d'une vente proposée par moi-même.

5 décembre

J'étais poursuivi par ? Et fuyais à travers la campagne puis dans la ville où je trouvais refuge provisoirement, dans les locaux d'une grande administration. J'ai dû finir dans les remparts de la cathédrale d'Angoulême.

## 2010

1 janvier

Je suis à la recherche de la gare... À Paris je circule dans les bureaux de la SNCF, je souhaite rencontrer mes parents qui me fuient. Je finis par les retrouver au 2 bis rue Larrreguy à Angoulême !
Les ai-je informés de mon départ sans retour ?

21 février

Je reviens de Bodinot où j'ai été dévalisé, plus de papiers, plus d'argent...
Je me rends chez mes parents qui sont à table à mon arrivée et qui trouvent étonnante ma situation.
Ils semblent se désintéresser de ma position. Mon père pose ostensiblement sa main sur la main de mère.

24 février

Une magnifique maison avec parc. J'y subtilise une enveloppe de moyen format de couleur beige.
Une femme me poursuit et veut que je lui rende l'enveloppe.
Je m'enfuis... (les remparts d'Angoulême ?)

28 mars

Téléportation, je me retrouve dans deux endroits à la fois. Dans un hôtel standard, je rencontre ? Cette personne interrompt ma conversation et disparaît. Je la recherche à travers la France, et m'égare dans une gare.

4 mai

Deux rêves de R.

6 juin

Je visite une maison ou un appartement que je souhaite acheter...

8 juin

Nous nous entretenons des sondages de l'opinion publique.

6 août

Le Docteur R intervient. (Je ne peux reconstituer le rêve)

13 août

Je suis avec mon Père et nos rapports sont amicaux.

3 octobre

Régis se retrouve parmi sa famille, de passage en vacances.

## 2011

3 février

Je crois que je voyais mon Père la nuit, sur la route principale d'une petite commune de campagne.
S'étant habillé très correctement, il lève les deux bras en avant. Je crus qu'il m'attendait. Je le voyais distinctement et je l'ai reconnu sur-le-champ. Mais il ne fit qu'apparaître. Ce fut une vision d'une seconde. J'ignorais la raison de cette apparition, et je restais résigné. (Date de sa naissance en 1894)

7 mai

Je me trouvais dans une gare, j'avais perdu mon portefeuille, je ne pouvais donc reprendre le train pour rentrer à mon domicile, n'ayant pas de billets SNCF. Je me réveille brusquement.

21 juin

Je parcourais les rues de Barbezieux accompagné de ?

À la recherche de la maison de Mme J. Au milieu de la foule qui envahissait la ville, je sollicitais des personnes à qui je demandais quelle rue je devais emprunter.
Je fis une halte près d'une église qui n'était pas mon but.
J'étais très intrigué. En effet je ne reconnaissais pas la maison qui était devenue pratiquement une ruine.
D'autre part je rendis visite à mes parents à Angoulême mais je n'acceptais pas de retourner dans ma chambre et je repartis vers Périgueux.
Je me réveillai brusquement.

6 juillet

J'ai des difficultés de circulation automobile entre parking et garage où je suis bloqué.

**2012**

15 avril

Je cherchais à entrer en contact avec ma cousine germaine. Elle cherchait par tous les moyens à m'éviter.

14 juillet

Je suis dans une petite ville et comme d'habitude je demande des renseignements en vue de mon retour. Je suis accompagné d'un homme lui-même accompagné du maire de la localité.
J'aperçois une dame vêtue de noir qui semble être l'épouse de l'homme qui accompagne le maire.

15 juillet

Je rencontre une personne dans un grand magasin à un étage.

Elle me fixe un rendez-vous d'affaires mais au moment de la rencontrer surgit sa fille qu'elle me présente.
Je me rends à ce rendez-vous et je ne la rencontre pas...

14 août

Je circulai dans une ville moyenne déjà vue en rêve. Et demandai à une personne le nom de cette ville : FLORANGE me dit-on. Je me réveillai.

## 2013

12 janvier

Je déambule dans les rues d'un village, je cherche un moyen pour retourner à la maison.

## 2014

21 avril

Mise en forme d'une histoire de l'Inde.

19 juillet

Je suis en pleine campagne, je recherche du secours afin de me rendre en ville. À ce propos je rencontre le maire de la petite commune. Je me retrouve dans la même situation d'un rêve précédent. Je me réveille, rassuré. Je constate qu'il s'agit d'une quasi-répétition de rêves anciens.

21 août

Je me suis réveillé suite à l'intervention vocale de Roselyne. En effet, je pensais que celle-ci rêvait mais ce n'était pas le cas.

La voix d'une beauté irréelle semblait s'adresser à quelqu'un. Le sujet : la présentation d'une maison.
Je n'ai pu retenir que le mot : pas.

22 août

Une jeune femme danse seule dans une pièce fermée. Elle danse avec une énergie démesurée, les musiciens sont invisibles.

## 2016

21 mai

Je visitais un centre d'éducation dans un grand domaine et je me trouvais à participer à une discussion sur le cas d'une élève qui avait semble-t-il volé puis fuguée. L'organisation et toute la communauté poursuivaient ardemment l'intéressée.
La poursuite s'effectuait sur le terrain de ladite organisation.
Après une longue recherche la Direction décide de stopper cette recherche.
En fin de course, je me retrouve aux côtés d'une jeune personne qui n'est pas d'accord avec moi.
Que poursuivais-je ? Ou qui poursuivais-je ?
La fin du rêve demeure vague.
Ensuite je suis arrêté sur une route pavée devant une grande porte, à laquelle je m'apprête à frapper quand une force me dégage brusquement en m'interdisant de pénétrer derrière cette porte.
Je me retrouve seul face à la route et n'y perçois aucune présence.
Le rêve s'achève brusquement.

Mai

Je suis dans un bureau, dans un centre commercial, dans un hôpital ?

Une personne, document à la main, traverse le bureau et s'adresse à moi pour que je la suive. Je la suis puis constate qu'elle a disparu.

3 novembre

Je suis à Barbezieux. Je visite la maison où je suis né.

**2017**

9 août

Je rencontre X. Probablement dans une gare et je le poursuis, mais au bout d'un moment il disparaît et je me réveille...

*Cristallographie*

*Cristallographie*

# MÉMOIRE ANTÉRIEURE
## *Digressions*

*Quantum lenta solent inter viburna cupressi*
*(Virgile –Les bucoliques)*
*Autant que les Cyprès parmi les viornes flexibles.*

« *L'homme vrai ne dépend de rien, il est libre de la mobilité, de l'immobilité il use à son gré.* » Lin Tsi 867
« *Ne pas parler, c'est la parole même du Bouddha.* »
Vimalakirte

Le contrôle est tout.
La prajna paramita sistra est l'objet de ma méditation.
Où suis-je ? Sur le lac Tila et je navigue sur les eaux tumultueuses.
Les Arhats sont toujours assis sur le pic du vautour.
Combien sont-ils : 1200.

*

*Aux hommes de l'âge réflexe* selon l'expression de J. Maritain.

L'homme est inséparable de la civilisation, forme transhistorique de la culture qui l'a produit et les incidences philosophiques, religieuses, sociales ont profondément modifié la signification de l'être et de l'avoir dans la prospective du devenir.

« *Toute civilisation est l'expression d'une religion* »
Azouley

Contrairement à l'opinion des anthropologues qui affirment que les civilisations ne sont pas exportables, l'adaptabilité est un tronc commun dérivé du besoin culturel, éducatif, enfin artistique.

Le terme civilisation a été créé par la France écrivait Mazzini en 1847, par les purs français du dernier siècle.

La civilisation est une résultante universelle, un système de valeurs préférentielles. Il convient de ne pas confondre culture et civilisation, la culture est germination, la civilisation est choix. Max Lerner considère que le terme civilisation est plus large que celui de culture. La civilisation a formé l'homme social.

Quand la culture marque sa place dans l'histoire de l'esprit humain, elle meut le nom d'une civilisation. La civilisation industrielle se fonde sur des données scientifiques et sur des systèmes.

La civilisation (cité, civisme, citoyen) existe lorsque l'individu adopte une culture commune comme moyen d'expression à vivre, lorsque l'individu pense en groupe. Dans la civilisation traditionnelle, il y a ceux qui combattent, les guerriers, ceux qui prient, les prêtres, ceux qui travaillent, les travailleurs.

Pour Kant, le but final de la culture consiste dans le comportement moral, le respect de l'humain, les relations sociales. Les trois éléments de la culture sont les valeurs personnelles, impersonnelles et spirituelles.

Le but final de tout développement est culture de l'homme, soubassement du comportement éthique.

Le développement par la création est raffinement et finalité.

*

« *Le monde futur créera du neuf après avoir assimilé le Christianisme et d'autres formes actuelles de spiritualité et donnera peut-être naissance, par analogie avec le phénomène cyclique de civilisation totale, à une sorte de panthéisme dans lequel se trouveront fondues, amalgamées, les pensées culturelles, redynamisées, toutes ensembles vers des objectifs encore inconcevables.* » Riandey

Créer un mythe nouveau est indispensable.

Après la connexion des personnes et de la connaissance se profile l'union des réseaux d'information et des réseaux sociaux.
Sauver les informations, c'est le pacte faustien qu'ont passé les écoles de pensées du Knowledge management que nous réduirons à deux principes courants : celui du centre de connaissance comme objet et celui centré sur l'interaction du savoir (knowing).

Le premier comprend l'école des systèmes d'information qui fonctionne sur la technologie et applique les méthodes d'ingénierie de la connaissance en tant qu'information, et l'école managériale focalisée sur l'évaluation et la gestion des savoirs.
Le second courant est celui de l'école sociale du futur (socio futur) centrée sur la communauté des pratiques, la connexion des connaissances grâce aux avances du web sémantique.
L'ultime demeure de la connexion de l'intelligence collective, c'est-à-dire l'union des réseaux informationnels et sociaux.

*

On se dirige vers des télésphères décentralisées post industrielles, télécréation.

*

*On ne peut être humilié par Dieu mais simplement par les hommes.*

An 1273 de l'ère Chrétienne

« *Je m'entretenais avec un esprit,
Et déjà mon maître, Virgile, dont je m'étais écarté,
Me rappelait à lui. Ainsi priai-je l'esprit plus vivement de me dire avec qui il demeurait.* »
« *Ici je gis, fit-il, avec plus de mille âmes.
Sont là-dedans le second Frédéric
Et puis le Cardinal ; des autres je me tais* »
Dante (1265-1321) – l'Enfer Chant 10°

« *Je puis bien dire, que si l'âme existe, j'ai perdu la mienne au service des Gibelins* » Cardinal Octavien Degli Ubaldini, Évêque de Bologne.

Dans un frémissement de voiles envolées, je me rendais à la pharmacie et je réclamai une paire de gants clairs. J'exposai au pharmacien l'usage que j'en ferais. Celui-ci me dévisagea avec étonnement.
Ces gants me permettront de feuilleter le manuscrit original des mémoires secrets du Cardinal Octavien Degli Ubaldini, Évêque de Bologne, décédé en 1273.
J'avais acquis ce document inestimable au cours de mes pérégrinations en Toscane, l'été dernier. Un ouvrier maçon dont je dis la connaissance à Florence me le proposa pour une somme relativement acceptable. Il me déclara : « J'ai découvert une cassette lors de l'éboulement d'un immeuble à Bologne. Je l'emportai chez moi et après quelques difficultés, je réussis à ouvrir la cassette qui contenait ce manuscrit très endommagé.
Sa couverture comportait une croix noire haute et large. Je fus effrayé, je me signai et fis le vœu que je remettrai le fruit de mon larcin à la première personne que je rencontrerais au tombeau de Dante le lendemain même.

Je vous le remets sur-le-champ et je vous demande de prier pour le salut de mon âme les quatre prochains dimanches de votre séjour parmi nous. Vous me le promettez ? »
« Je vous le promets, mais puis-je avoir votre nom, répliquai-je. »
« Mon nom est Marco Ubaldini ! »
Je me penchai sur la cassette et me retournai pour le remercier, il avait disparu.
Sur ce j'allai visiter la cuve de porphyre contenant les os de Frédéric II (1194-1250) à la Cathédrale de Palerme.
Frédéric II est le fils de l'Empereur Henri VI et le petit-fils de Barberousse. Ce fut de Palerme, son séjour favori, qu'il songea à transférer à Malte le siège de l'Empire.
Il attira à lui les sages philosophes, érudits religieux, les poètes, et les troubadours.
La Chrétienté et le Pape, devant sa parfaite indépendance vis-à-vis d'eux, le tinrent pour un type d'épicurien.
Il convient ici au lecteur de s'intéresser plus avant aux Guelfes et Gibelins, les uns partisans de la Papauté et les autres de l'Empire, pour se faire une opinion de ce personnage que l'on peut qualifier de Roi mage.
Dante fut le plus grand poète Gibelin et trouva refuge chez le Seigneur de Polenta, bien que Guelfe. Farinata Degli Uberti, cité par Dante, fut l'un des Gibelins les plus actifs à Florence.
Pour mémoire, les Gibelins seront écrasés à Campadilino, et l'on verra Frédéric II à Canossa obligé de courber la tête devant le pouvoir temporel de la Papauté.

*

Chaque nouvelle vision du monde oscille entre la vision classique dont l'accord porte sur la prévisibilité, et la vision poétique et historique qui visite la singularité chaotique de chaque événement. Dans cette seconde vision on retrouve les poètes musiciens.

*« Par les mots, nous régnons sur l'univers entier ; par les mots nous acquérons sans grande peine tous les trésors de la terre.*
*Mais ce que les mots ne parviennent pas à faire pénétrer dans notre cœur c'est l'invisible qui plane au-dessus de nous...*
*Pour saisir cet invisible et pour le comprendre, il existe deux langages : la nature et l'art. »*
*« La création artistique seule nous rapproche de Dieu. »*
*« Je compare la jouissance des plus nobles œuvres d'art avec la prière. »*
Wacken Roder 1773-1798

L'art le plus haut paraît être la musique.
De la musique comme art, à la musique intérieure.

*« Le poète est celui qui nomme. »* Platon

*« L'orphisme peut être défini par l'inspiration cosmique et par un effort pour réaliser aussi parfaitement que possible l'harmonie de l'homme avec l'univers, en trouvant la voix juste. »* J. Richer

*« Je suis l'enfant de la terre et du ciel étoilé, mais mon origine est le ciel. »* op cité « Orphée et la Religion Grecque 1956 p 193 »

Orphée « *est après le chemin qui conduit aux cieux* », pontife du Temple du mont Koukaion, proclamant un seul Être, époux et épouse divines père et mère, démiurge dont Dionysos est le fils, dont la fille est Perséphone, la belle luxueuse, Maïa vierge divine.
Il professe l'immortalité de l'âme. Au 6e et 7e siècle avant J.C, son influence égyptienne et moderne mêle la croyance de la transhumance des âmes, qui

chutent par l'effet du péché, nécessitent l'expiation avant de remonter vers leur divine nature.

L'âme considérée est prisonnière du corps, mais peut-être délivrée, et après sa descente dans l'Hadès, après réincarnation atteint la pureté.

« *Pareils aux conquérants nomades maîtres d'un infini d'espace, les grands poètes transhumants, honorés de leur ombre, échappent longuement aux clartés de l'ossuaire. S'arrachant au passé, ils voient incessamment s'accroître devant eux la course d'une piste qui d'eux-mêmes procède. Leurs œuvres, migratrices, voyagent avec nous, hautes tables de mémoire que déplace l'histoire.* » St John Perse

*

Aujourd'hui seule compte l'intelligence logique séquentielle ?

« *Si proche et difficile à saisir Dieu.* » Hölderlin

« *La connaissance angélique est intuitive quant à son mode inné, quant à son origine indépendante des choses, quant à sa nature.* » J. Maritain

La connaissance du surnaturel c'est la connaissance du surréel.

« *Il me semble que ce qui me reste de toutes mes études c'est une nouvelle phénoménologie de l'esprit, l'intuition de l'universelle métamorphose. Notre monade en tant que pensante, s'affranchit des limites du temps, de l'espace, et du milieu historique.* » Amiel

Il faut décoder ce qui est écrit, créer plutôt que critiquer, inventer plutôt que classer. Je n'ai écrit que par contrainte et jamais par nécessité. Écrire m'empêche de penser. L'écriture succède à la parole.

« *Et l'esprit des voyants se retrouve en plein ciel.* »
Hölderlin

La connaissance dépasse l'état primordial, la vacuité, par la pensée et par l'ascèse, par l'humain, elle est un sacrifice.
La connaissance n'est pas une somme de savoir, mais une suite d'éveils.
La révélation première consiste à détruire son moi.
Le moi est l'expérience du gouffre. Détruire le moi.
Le soi suffit à l'Être. Parvenu à la cime de la connaissance de soi l'Univers se mire.
La mort est création de l'intellect. Elle démontre qu'elle est création de l'intellect. L'imagination s'efforce de substituer à la connaissance une perception illusoire du moi. C'est la raison par laquelle l'homme s'attache au moi. Le moi est une pure abstraction, donc anti naturel, il est le théâtre de phénomènes.

Plus je vis, plus je diminue.
Je me délivre de moi.
Je médite donc je m'évite.
L'acheminement doit avoir pour objet la réduction ultime du moi.
Plonger dans la transparence sacrée.
Ne laisser en soi naître des désirs.

L'illusion est le réel, le transitoire, moi compris au grain des jours.
Appréhende le ciel, le ciel n'est pas contenu dans un cadre formel de notre Univers temporel mais il s'intègre à une seule réalité, il intègre les processus déformants ou unifiants de notre psyché en éveil.

Qu'est ce qui est représenté ? Entre l'état de rêve et la représentation de cette perpétuelle tension qu'est le rêve, le réel. Comment percevons-nous le réel ? Nos perceptions sont différentes, nous percevons différemment. Percevoir et se représenter. Les objets de la perception pour Cankara sont la projection à la Maya. La perception par l'intermédiaire du cerveau recrée le réel.

J'ai vécu l'irrésistible déchirement,
Le conflit douloureux de l'amour et de la foi,
Et l'abîme me contemplait
Sous la cendreuse flamme du désir.
Je préférais la création d'esprit à la nature
Je préférais la structure au mot
Je préférais les idées aux faits.

Ce n'est pas tant la profondeur qui compte que les chemins dont l'expérience est incommensurable, car vécue, rendue et ultime : reconnaissance du soi.
J'aspire au rythme qui relie la révélation qui guide l'esprit vers la connaissance qui est liberté.
L'abîme n'est que la vision de la pensée impure.
Je ne désire pas le fruit, je ne désire que les racines.
Il n'y a de libération, il n'y a de génération, comment ne pensais-je pas l'apprendre de l'indivisibilité qui suspend la destinée du navire, à la vigilance du nautonier solitaire.

Le temps se cristallise. L'arabesque du temps s'épuise dans les pierres. L'homme en se multipliant sans renoncer croît l'éternel présent. Identité illuminatrice, il persiste. Elle est discrète mais résolument secrète.

Comment me purifierais-je de l'illusion ?
Puisque l'illusion est mère du désir.
Car j'étais plein d'attention aux signes de feu,
Et ce qui consumait est ce qui vivifiait,
Ce qui me vivifiait me consumait aussi.
Les racines du ciel ne sont pas hors de soi,
Le feu et le désir sont-ils donc identiques ?
L'inexprimable rend à l'infinitude l'abîme source du désir d'être, poussière florale de l'esprit.
Le temps, l'esprit vertige,

Le vertige subsiste par la jeunesse du temps.
L'univers, flux éternel des énergies cosmiques
Converge seul face à l'impermanence.
Je n'ai point de repères, de compas, et de règles,
Le paysage de l'avenir n'a plus de secret pour moi, qu'il s'attache s'il finit, le germe de l'été au gel de mes pensées.
Je n'ai point de sillon, je n'ai point de semence, car sillon et semence sont de même vibration.
Je cherchai un désert et je rejetai ce désert.
L'art m'a raccroché au vaisseau de Dieu.

*

Le langage que vous osez avec tant d'acuité, dérive-t-il d'une quête mutuelle indissociable de recherches pratiques ? La pensée fonde-t-elle une théorie de la signification ? La magistrale contribution de la pensée indienne à la philosophie linguistique n'est plus à dévoiler ainsi que le déploiement subtil de la langue sanskrite dans le symbolisme du langage.

L'insertion nirvanique dans le chant de la pensée Grecque n'est plus à démontrer.

L'âge d'Orphée a fait place à l'âge de Protée. Orphisme et Christianisme reconnaissent le péché originel, le corps tombeau de l'âme. Le mythe symbolique a été choisi parce qu'il est construit par la pensée universelle (pensée de purification). L'orphisme n'est pas achevé, le poète revient à sa poésie modulaire dévoilant dans l'ordre temporel la puissance, dans l'ordre intemporel la sérénité.

L'orphisme est un mode de perception inhérent à l'Être Humain, de sa quête de l'absolu, le chant poétique est inséparable de ses mystères, qui sont modulation de la pensée.

*

Qu'est ce qui demeure, oserais-je dire l'amour.
Tu étais une ruche d'amour et je ne l'avais pas compris.
J'ai confondu la vie et l'abstrait.
J'ai tout sacrifié à l'esthétique au détriment de l'existence.
Ah ! Si tu n'y étais que serait donc ce monde !
Tu étais une ruche d'amour...

Aimer c'est s'ajouter à l'être que l'on aime, le sensible perçoit, l'intellect coordonne, le grain de l'esprit est amour.

Je vous suis de votre amour et vous êtes ma joie.

L'excès de ton amour me préserve du monde. La face du monde entier est transformée depuis l'heure où silencieux se mouvaient nos cœurs, dans l'amour recréaient la vie.

Voici le jour qui se lève et nos cœurs s'ouvrent et se devisent jusqu'aux limites du possible.
Ton rêve, revêtement du réel amour parcelle ton éternité.

L'amour est le plus haut chant que l'on puisse atteindre, mais l'absolu m'apparaissait seul digne d'être tenté et réalisé.

Âme afin que j'accomplisse
La célébration de la lumière.
L'amour me brise et me défend
Comme sillon sous le socle.
Amour, espérance, je m'absorbe en ton unité.
L'amour me conforte, c'est une contemplation,
L'amour participe à l'effort de connaissance et de recréation de l'Univers.

L'amour est une communauté et la voie supérieure de l'esprit.
L'amour c'est l'esprit porté,
Aimer c'est s'ajouter à l'être aimé.
L'objet se confond avec le sujet en se projetant.

*

Ionisation du réel dans l'impermanence temporelle.

La dimension cosmique fait partie de l'expérience vécue.
L'homme en dehors de la chaîne cosmique est tragédie.
La chaîne cosmique est une chaîne de lumière.
J'ai tenté de saisir le poème éclaté.
Je procède par sélection et non accumulation.
Je revêts l'homme d'un hymne de joie.
Si Dieu n'existait pas, la vie n'aurait aucun sens.
Je ne puis déduire Dieu de l'orthographe ou de toute autre science mais l'orthographe aide à mieux comprendre l'Être en Dieu.

La qualité principale de l'être humain c'est l'émerveillement. L'émerveillement provoque le désir de savoir, la connaissance, la création.
J'ai appris et beaucoup appris.
Je ne juge personne.
Je suis tolérant ce qui permet d'exclure tout conflit avec autrui et d'éviter toute confrontation brutale.
Ne pas juger,
Ne pas critiquer,
Pas de discussion vaine.
Il faut cultiver l'insignifiance.
Nous ne sommes que péripétie sur cette terre.
Je ne suis rien,
Je ne sais rien,
Je ne puis rien,
Tout est bien.

Je respecte toutes les activités de l'esprit humain, religion, philosophie, morale, même si je ne partage pas leur point de vue.
L'homme moderne a des opinions sur tout et n'a aucune conclusion.
Procéder par analyse des concepts plutôt que dériver vers leur synthèse.
La nature rejette l'organisation massique, elle sélectionne.

*

Le chemin est le but. Ce n'est pas le chemin qui compte mais le départ, ce n'est pas cheminer qui compte mais créer le chemin.

<blockquote>
Vers quel rivage<br>
Il n'y a de havre<br>
La direction importe peu<br>
Tout est dans le mot.
</blockquote>

Nous sommes toujours en chemin, venant de nulle part nous ne savons où nous sommes, où nous allons, l'essentiel est de se mouvoir en permanence dans cet univers.

Il n'y a pas de chemin tracé, on crée seul son chemin.

Le succès n'est pas final, l'échec n'est pas fatal, c'est le courage de continuer qui compte.

*

L'homme cherche sa propre image, la même nécessairement.
Il n'y a pas de grande pose sans exil, tout exil est une espèce de mort.
Je suis un solitaire qui aime l'action, je ne suis pas un contemplatif.

*Cristallographie*

Ces solitaires sans lesquels nous serions tous seuls, Miklos, Pythagore, Pétrarque, Suarès etc...
L'oubli et le silence de l'oubli.
L'Univers est le refuge, car c'est avant tout le cœur de l'homme. Le sage n'y est pas détaché, séparé. C'est le lieu où on s'exprime différemment, présence au monde d'une référence vécue.
La restitution de l'image divine en l'homme.
Un éclat de lumière intérieure.
Aux affinités sélectives.

*

Le réel est physique, la vérité métaphysique.
La science spéculative (qui vient de l'extérieur) s'oppose à la science mystique. Une vérité doit avoir une signification, sur le plan existentiel, le vécu, sur le plan spéculatif, la pensée rationnelle.

*

Si je puis me soumettre à une discipline d'organisation, je ne saurais consentir à aucun reniement quant aux idées que j'ai adoptées en matière de théâtre.
Il n'est pas d'art ou de création possible dans la contrainte, quelle qu'elle soit.
D'autre part, nul n'est indispensable et c'est bien volontiers que je céderai ma place, afin d'éviter tout désagrément au Centre Culturel.
Je serais disponible comme je l'ai déjà fait connaître, et reprendrai le dialogue afin d'étudier les modalités de l'organisation matérielle du Cours de Diction et de mise en scène, si l'entière liberté créatrice que présuppose un authentique enseignement m'est accordée.

La culture a toute sa place dans le cadre des activités humaines. L'actualisation du savoir est une chose, son rôle est d'informer en vue de développer les potentiels intellectuels de chacun.

Elle doit être universelle afin de participer à la croissance de l'homme dans la société.
Il faut apprendre à la jeunesse à s'exprimer, communiquer, s'accomplir. L'enfant et la communication sont indissociables. Il convient de développer par ses activités théâtrales le sens de l'esthétique.

*

La pensée unique est mise en question au cours d'un débat du Figaro au 17e salon du livre. Un article est paru dans ce journal aujourd'hui.
Les déclarations de l'éditeur B. De Fallois vont dans le même sens « le culturellement correct est sans intérêt. »
Quant à Alain Chevillot, il rejette la société occidentale ; cette position excessive semble s'opposer à celle d'un de ses amis qui préconise : efficacité (occidentale) et sérénité (orientale).

Comment peut survivre une Nation sous le règne de la médiocratie, inverse de l'aristocratie, la laideur, inverse de la beauté ?

Face à tout cela je revendique la personnalité civile et non la citoyenneté.

*

La modernité est toujours en conformité avec l'idéologie dominante, donc n'a aucune valeur, car elle disparaît au gré des fantaisies idéologiques.

*

« *Les espaces interatomiques, interstellaires, intergalactiques de l'univers, habituellement considérés comme vides, sont en réalité le siège d'une activité électromagnétique intense et non matérielle, à répartition continue, et qui résulte de la superposition d'ondes élémentaires distinctes se propulsant dans toutes les directions à des vitesses généralement peu différentes entre elles.* » René Louis Vallée

Préférant la parole première, le théologien symbolique s'immerge en Dieu.

\*

Toute création est destruction. Toute création s'accomplit en simultanéité avec une destruction. La vie elle-même est une destruction permanente. C'est le modèle de la destruction (gaspillage de la vie) qui modèle la survivance des espèces. La Vie rejette les cellules détruites, elle crée des cellules nouvelles. Elle remplace l'ancien par le nouveau.

\*

La maîtrise c'est la liberté.
La conscience sous tend l'éveil, donc l'éveil la conscience. Ce ne sont pas les éléments qui comptent, mais l'ensemble des éléments, la structure.

\*

Sous la cendresse flamme
Venus sortie du zoo
Où les anges solitaires sont des démons
Dont le casseur d'os

\*

Il y a 6900 langues parlées dans le monde, mais 600 d'entre elles le sont par moins de 100 000 personnes, et une langue meurt toutes les deux semaines.

*

« *La poésie est le mode d'activité propre à l'esprit humain.* » Novalis

Penser c'est vivre poétiquement.

La nuit différentielle.
Le poète se meut dans une nuit différente où le langage est différent.
Dans la nuit, je m'appartiens.
Présence au soi, et joie.
Là le divin devient expérience.
L'insertion à l'âme dans le champ de Dieu et l'immersion du divin dans la plénitude de l'âme, ce mouvement s'accomplit dans l'éclosion de la nuit différentielle.
C'est le processus de création artistique qui m'intéresse et la création elle-même n'est plus que le produit de ce processus.
Coordonner, c'est dire créer.
Du monde les structures du monde de l'Être.
Le poète ici a le droit à l'errance suprême, son insertion en l'absolu, dans une cantate votive dont l'esthétisme est subjectif.
Il n'y a pas de création sans un vertige derrière elle.

« *La création est l'acte de faire quelque chose de rien. Elle n'est dans le créateur qu'une relation de raison qui vient de ce qu'elle a commencé d'être après le néant.* » Albert Legrand

*

L'inculture a pris le pas sur la culture. La subversion est basée sur l'inculture généralisée. La première disposition de l'acculturation concerne le sens des mots. Les mots sont détournés de leur sens comme de leur valeur. La responsabilité politique est ici totale.

## Cristallographie

*

Le pèlerin est un homme qui volontairement va au-delà de son champ (perager), perd de vue le clocher de son village, affronte l'inconnu de la route, se lance dans l'aventure spirituelle.
Je vécus entre l'état de rêve et de représentation, ordonnant mes possibilités et les structures d'une sensation, ces feux indivisibles.
Dans le champ de blé mûr inondé de lumière, ô radieuse matière où l'esprit palpite sans s'affaiblir.
Je naquis de ma cendre et ma cendre m'a édifié au salut par l'esprit et non par la foi.
L'esprit s'absout dans le divin.
L'esprit est illumination, surnaturel il dépasse l'abstraction.
Seul l'esprit différencie.
Ce que l'esprit contemple, il l'est.
Le dualisme se situe au niveau de la matière.
Ô mon âme, comme la mer, tu as l'horizon prébendier,
Je ne suis pas en tout, la vague, mais je ne sais où je vais, je cours le grand mot, et je conte ta voix.
La mer murmure les vagues dont chacune saillie la vague qui l'engendre jusqu'à la fin des temps afin que s'accomplisse l'immensité de l'être d'esprit.
Mon âme n'est pas le moi.
Je ne cherche pas le port mais la mer tumultueuse, lutte d'esprit contre la catastrophe.
L'esprit incarne la catastrophe et il faut donc le transfigurer, le transmuer en une donnée active.
En lui était l'abîme.
L'esprit de séparation est le grand destructeur du réel, car il sépare l'âme de l'esprit, l'esprit et le corps.
C'est le règne de la volonté qui commence l'acte régénérateur de l'esprit transcendant l'humain.
L'esprit est souffle et destruction, souffle et feu.
L'esprit réconcilié est l'esprit rectifié.
Seules les forces divergentes de l'esprit vivifient.

Tout ce qui croît, croît de l'esprit.
Fut-il déchiré, affamé, frissonnant,
Le corps de l'homme est vœu de l'esprit.
Tout ce qui meurt est insoutenable.
C'est dans la prospective de l'esprit qu'affleure l'éternelle présence qui l'emmène vers l'espace intérieur.
L'esprit nidifie la non-dualité, le non-être, et tend vers ses propres desseins.
C'est par la connaissance que j'atteins au réel.
État transitoire qui efface la réalité du corps, où l'esprit oscille.
Ses oscillations sont des éveils successifs et incessants percevant l'illusion du moi.
Lutte l'esprit contre la catastrophe que l'esprit incarne, l'esprit se rend compte que le non-être finit dans l'illusion, d'imaginaire dépourvu. Seul le réel est sans limite, réalisé par l'esprit, l'être et le non-être constituant l'existence absolue.
Dans un premier temps l'esprit est opératoire, dans un second temps il décompose, ordre binaire, dans un troisième temps, il crée dans la non-dualité.

*

Il n'y a pas de corps séparé mais un immense corps unique.

La mort est un passage vers une grande lumière, un sentier léger, où on se sent très seul.
L'angoisse de la mort se distingue de la mort elle-même.
Un mort est un être absent de son corps, absent du monde des apparences.
Avant notre naissance, nous étions absents.
La mort est la mesure de l'ultime difficulté.
Au moment de mourir, Thérèse d'Avila dit : « *L'heure dernière est venue.* »
« *Au moment de la mort, il y a un transfert d'information commune.* » R. Dutheil

En Égypte, on ne disait jamais « la mort », mais « la sortie au jour ».

*

Télépathie, clairvoyance et précognition sont des phénomènes de la nature.
G. aurait reconnu les tables de la biologie spatiale, déterminé l'onde cosmique qui permet de connaître la date de la mort.
Un homme à l'horloge venait chanter l'heure d'un été, et il me fit une proposition, il voulait que je retarde davantage.
Je circule sur une sorte d'autoroute, tout à coup une route, surgie de nulle part, déboucha.
Hiver, janvier neuf. La forêt givrée a disparu, nous étions devant une plaine de printemps. Un village que nous connaissions sous une lumière extraordinaire, pas un souffle d'air, Il n'y avait personne ni animaux. Nous avons marché dans ce village, couleur de l'herbe d'un vert éclatant. Ce jour il a disparu. (*Vers 1500 il existait un village qui disparut corps et biens sans que personne ne sache ce qu'il est devenu.*)

Un compositeur ayant vendu son âme a édifié une note dans une de ses partitions qui provoque le décès de certaines personnes, interprète, chef d'orchestre, auditeur...

*

« *Il y a une compréhension au-dessus de la connaissance.* » Michel Casse
« *Il y a quelque chose au-dessus de la science.* » Maurice Reben Hayoun

Le firmament a forme d'hémisphère couleur de saphir.
La note fondamentale de l'univers, est-elle le Fa ?

## Cristallographie

Je voudrais correspondre avec Dieu, dit l'enfant internaute.
Les coïncidences singulières, les moments privilégiés, la connaissance préalable sont les prolégomènes à l'initiative créatrice.
La vacuité créatrice est combinaison d'être et de néant, et ne peut se définir comme être ou néant.

*

Le chat est un animal charmant et parfaitement inutile. Il a survécu à tous les cataclysmes.
Le chat cultive l'inutilité en esthète.
Le chat est un poète.
Le voyez-vous chasser, nenni, il laisse cela à ceux qui ont faim, les produits de l'industrie humaine le satisfaisant.
Il préfère flâner, paresser, dormir, chasser ressortant de l'exercice inutile lorsqu'il est nourri.
Le chat dort ou fait semblant de dormir. L'essentiel est qu'il passe sa vie.
Il est la perfection de l'inutilité mais il est nécessaire à la beauté de notre monde.

*

« *Qu'est-ce que cela fait ? Tout est grâce.* » Bernanos
« *Sans la résurrection, la vie et la mort sont une absurdité.* » Père Calcius
« *Si le Christ n'est pas ressenti, vain est notre apostolat.* » Paul

La parole de Dieu naît au désert.

L'esprit planait au-dessus des eaux et une île, baignée par un flot de lumière, jusqu'alors invisible, devant les vagues qui se retiraient, apparue : Iona.

Quoique nous fassions, de la caverne du cœur aux sublimes ténèbres, le chemin ne mènera jamais que du solitaire au Solitaire suivant le mot de Plotin.

Irruption de Dieu, il entre comme la foudre, transcendance métaphysique, éternité de l'homme cosmique.
La Christologie cosmique assigne le divin dans le monde et hors du monde, il faut se hisser vers le divin.
Être porteur de l'image de Dieu, Dieu est l'état d'attente, Dieu est absence, présence de l'absence,

Le langage est le lieu de la Liberté, puisque nous avons perdu la parole. L'acte suprême des tyrans est de supprimer la parole et codifier le langage.
C'est dans la parole que se trouvent la Loi et les Prophéties.

La parole est l'ordre, il faut retrouver la parole.

*

« *Les racines de notre être intérieur plongent dans l'intemporel. Il n'appartient pas à nous seuls, il nous est commun avec le tout.* » Hermann Aehr

La première substance est la lumière, de la science de la lumière nous dit Pythagore.
La manifestation observée de la courbure de l'espace est la gravitation.
ENNVR est le rayon de la lumière en soi qui s'offre à l'abîme, l'archange qui permet d'accéder aux termes de l'esprit.

« *Celui qui retourne à la lumière intérieure est préservé de tout mal. Il revient à l'Éternel.* » Tao Te King

« *Pour qui le temps est comme l'éternité et l'éternité comme le temps, celui-là est délivré de toute lutte.* » Boehm

« *Ô fleur et astre, esprit et vêtement, corps, douleur et temps et éternité...* » Clemens Brentano

La vision de la lumière incréée de Dieu est possible pour les Orthodoxes.

*

« *L'esprit régit le monde ; il s'y mêle, il l'anime.* » Virgile

Dieu est l'oiseau du monde immortel. Brahma est le cygne du temps et de l'espace. Uta Wa Leza est l'arc de Dieu.

Boscovich (1711-1787) Jésuite, nous parle du Temps comme d'une trame de grains, nous confiant qu'il existe un temps hors du temps compris d'instants qui ne sont ni dans le présent, ni dans le passé, ni dans le futur.
Le temps peut être manipulé. Les tachyons sont des millions de fois plus rapides que la lumière mais ils cessent d'exister lorsque leur vitesse est réduite ou descend en dessous de la vitesse de la lumière.
Dans l'absolu, il n'y a pas de temps.
L'univers est caractérisé par la durée, le seul élément stable y est représenté par des formes et des structures, qui naissent puis meurent.

« *L'Éternité est l'attribut par lequel nous concevons l'existence infinie de Dieu. La durée et l'attribut sous lequel nous concevons l'existence des choses créées en tant qu'elles persévèrent dans leur existence actuelle. Le temps n'est une affection des choses, mais seulement un simple mode de penser...servant à l'explication de la durée.* » Spinoza

\*

Ces visionnaires qui nous viennent de l'avenir.

« *Dante visionnaire de l'Éternité.* » Guardini

Le secret de l'Éternité.

« *À l'horizon du temps et de l'Éternité* » Nicolas de Cues
« *Cet intermède étrange appelé le néant.* » Lochac

Le regard de Dieu s'étend du temporel à l'Éternité.

« *Il nous faut donc nous représenter l'éternité plutôt comme un instant de plénitude, au-delà de tout temps.* » Benoit XVI

« *Outre passe le temps, sonde l'Éternité, recherche l'infini, sur toute extrémité.* » G. Lefevre de la Borderie

« *En Dieu rien n'était confus ou informe, car aussitôt après la Création, la matière universelle fut incorporée à chacune des espèces qui lui appartenaient. Tout ce que les philosophes ont enseigné touchant l'éternité du monde, la matière, l'âme universelle, est réfuté, réduit à néant par le premier chapitre de la Genèse.* » Ernant de Bonneval, Moine Cistercien.

Ernant reprend la polémique de Saint Ambroise contre les cosmologies païennes.

« *Toutes les grandes vérités, les mystères de l'Éternité, plongeaient mon âme dans un bonheur qui n'était pas de la terre.* » Sainte Thérèse de l'Enfant Jésus.

« *Parler seul avec Dieu* ». Hölderlin.

## Cristallographie

« *Homme, si tu veux exprimer l'Éternel, il te faut d'abord t'interdire toute parole.* » A. Silesris

C'est le point de minuit, dans la profondeur du ciel, il indique la direction du Nord.
L'Éternité n'est pas le temps infini, elle précède le temps et lui succédera.

Daniel, Ezéchiel, Zacharie, possédaient l'art de la prédication apostolique primitive, ou Kérygme.
La messe kérygmatique annonce la mort rédemptrice et la résurrection de notre Seigneur.

Le secret de l'Éternité se tient dans l'immuabilité, l'infini, le pérenne, le perpétuel.

\*

« *À la maladie aiguë cyclique correspondait un temps lui-même cyclique (cycle nycthéméral lunaire et solaire) qui illustrait le mythe de l'éternel retour. – pour le malade et les malades, ces structures temporelles sont rassurantes.*
*À la maladie chronique correspond une notion de temps différente. Là, on n'entrevoit plus la fin ou de manière confuse – ce ne sera plus la mort brutale ni la guérison mais quelque chose d'inconnu ou de non défini. Le temps n'est plus alors cyclique, mais plus ou moins linéaire.*
*Et tout laisse à penser que la maladie a une cause interne à l'être.*
*Ces facteurs sont générateurs d'angoisse et pour lutter contre cette angoisse les attitudes magiques inconscientes restent entre les mains du médecin les armes les plus efficaces.* » René M.

\*

Les trois principales variables du temps sont : – chronologie objective - temps ressenti ou biologique

– temps relatif ou dynamique servant de cadre aux événements.

« *Le monde n'est pas fait dans le temps, mais avec le temps.* » Saint Augustin

« *Le temps est fonction de l'apparition de phénomènes. On s'achemine vers un concept du monde en quatre dimensions (continuum espace-temps).*
*Les physiciens débattent d'une particule qui n'aurait ni masse, ni charge électrique, ni champ magnétique.*
*À la vitesse de la lumière le neutrino traverse le corps.*
*Cette particule note Koestler a de grandes aptitudes avec une autre particule, le mindron constitué de matériau mental et en relation avec des particules matérielles.* » Calder

« *L'esprit est une entité en interaction universelle du même ordre que la gravitation. Il doit exister un module de transformation analogue à l'équation d'Einstein « $E=MC2$ » qui mettrait en rapport le matériau mental avec d'autres entités du monde physique.* » Pirsoff

« *Les particules subatomiques sont des systèmes dynamiques, non des entités isolées, mais parties intégrantes d'un réseau indissociable d'interactions. Ces interactions enfantent un flux incessant d'énergie se manifestant en éclair de particules. L'univers entier est ainsi engagé dans un mouvement et une activité, infinis, en une continuelle danse cosmique, la danse de l'énergie.* » F. Capra

Une particule remontant le temps ou agissant par le temps inversé résume la physique moderne qui peut voguer entre l'incertitude et la probabilité, dans un déterminisme absolu.

*« Le temps est une énigme. Il n'est pas comme une onde lumineuse, il se manifeste partout instantanément. Le temps se trouve altéré par la gravité, mais aussi par la pensée.*
*La communication sensorielle dépend de la densité du temps, raréfié autour du sujet émetteur, il se concentrerait autour du récepteur.*
*Tous les processus ayant un lien dans les systèmes matériels de l'univers pourraient être les sources alimentant le cours général du temps, lequel influence le système matériel. »* Kozyrev

La télépathie s'inscrit dans, hors du temps, elle détermine un niveau de complémentarité entre deux personnes. Jung parle d'un phénomène de rang égal à la causalité comme principe et réplication.
Selon Jung deux ordres irréductibles l'un à l'autre se partagent l'univers : l'ordre causal et celui des faits associés par synchronicité.
La synchronicité dont le principe procède de processus inconscients, dirige les consciences significatives, la rencontre de 2 faits sans lien de cause à effet et ayant un sens identifié.
Les « psychons » conçus sur le modèle de l'atome seraient selon Carrington les particules élémentaires de notre psychisme qui uniraient les liens associatifs analogues à ceux qui déterminent les constituants de la matière.
La clairvoyance concerne l'état second du cerveau.
Les tachyons, particules se déplaçant à des vitesses supérieures à celle de la lumière, sont-ils le support de la télépathie ? La pensée intuitive en chacun de nous ; la propriété du système nerveux. L'intelligence pouvant se quantifier comme la multiplicité des échanges (synapses) entre les cellules.

Il ne peut y avoir de phénomène sans connaissance (monade de Leibnitz).

Les événements n'arrivent pas, ils existent sur notre chemin.
Symétrie entre le passé et l'avenir.
Un événement dans le futur a une probabilité d'exister.
Le futur n'est pas figé mais en état de fluctuation.
Le futur se modifie : Il n'y a pas d'irréversibilité du temps, la forme prime sur les matériaux la constituant. (« *En chimie comme en architecture, la forme de l'édifice a une importance beaucoup plus grande que celle des matériaux qui la constituent.* » Le Bon Gustave)

Les thèmes exposant le futur sont : le thème des ondes retardées et le thème des ondes avancées.
Le hasard n'existe pas, le hasard est quanta.
Une physique de l'espace temps est à créer, la relativité n'est qu'une approche.
L'espace-temps n'a pas la même structure dans le cerveau.
Le cerveau transmet des ondes – le corps véhicule l'énergie.
Nous avons deux mémoires, la mémoire de l'instant et la mémoire du monde.
L'esprit se charge de particules inconnues. Le temps est mot, une formation réticulée à la base du cerveau sert d'écran sélectif à l'activation de l'individu dans l'espace temps.
Liaison entre le passé et le futur, l'acte de connaissance avance dans la réalité du temps.

Psychométrie, voyance du passé, télépathie, nouvelle en accord avec le rythme terrestre et cosmique, mitogénie (radiation cellulaire – thème de Gourvitch), prémonition, avertissement d'origine paranormale concernant le futur, précognition, perception par le cerveau d'événements qui se produiront dans l'avenir, chaque événement est perçu et anticipé par notre cerveau, récepteur d'ondes avancées.

« *Quand nous aurons acquis une autre conception du temps, nous serons à même de comprendre les phénomènes de l'ESP, tous les morceaux du puzzle se mettront en place.* » Murphy

Pour Adrian Dobbs, l'Univers aurait deux dimensions temporelles, la seconde constituant un monde probabiliste dans lequel certaines particules voyageraient plus vite que la lumière. Ces particules entrant en contact avec les neurones d'un sujet réceptif pourraient lui transmettre les informations du système qui les émet, par télépathie, et également les probabilités objectives d'évènements futurs, ainsi s'expliquerait la précognition.

Il formule un temps à deux dimensions, le temps ordinaire, le second serait un temps constitué d'ondes offrant au futur une multiplicité de possibilités à travers lesquelles il se réaliserait.

L'avenir présente une certaine malléabilité. Cette conception exclut donc le déterminisme du futur.

*Cristallographie*

*Cristallographie*

# CAHIER DE L'ESCOLIER

*Florilèges du verbe*

*Cristallographie*

« J'ai découvert que je n'étais pas un écrivain au sens donné par la définition de ce siècle, que je laisse à leurs écrits, alors que moi j'écoute.
Je suis un écouteur, à l'écoute permanente sur tout sujet, à la recherche de la meilleure prose, du meilleur son, Bach, Bruckner, à l'écoute du vent, à l'écoute des couleurs.
Je comprends mieux pourquoi les actes d'une vie classique m'ont échappé, je ne parlais pas, je chantais, je ne vivais pas, j'écoutais mes lectures.
La poésie.
Je jouais le théâtre de la vie.
J'écoutais Orphée, l'Odyssée, j'écoutais le troubadour, Wagner, le maître chanteur.
Mais vous, qu'écoutez-vous ? Non, non, ne répondez pas, car j'écoute.
J'écoute et transcris pour celles et ceux qui viennent. »

*Cristallographie*

« Douce amie de Dieu, rose printanière, étoile brillante, souviens-toi de moi lorsque viendra l'heure de la mort. » *citation*

« Je me demande pourquoi on meurt. » *Petit*

« Ce monde n'est pas conclusion, un ordre existe au-delà - invisible, comme la musique, mais réel comme le son. » *Dickinson*

« Le point solsticial de la virtuosité » *Schumann*

« Je veux appréhender le silence, aller aux confins de la musique. » *Ravier Charles*

« Par une longue route, plus loin, fendant de son étrave l'Océan, l'île de Thulé, sur un bon navire, tu réussissais à l'atteindre, Thulé, où au soleil rapproché du pôle des Ourses, jour et nuit toujours visibles, se répandent en torrents des flammes. » *Denis le Périégète*

« Comme le dit Eckhart, le vieux maître avec qui nous apprenons à lire et à vivre... » *Heidegger*

« Je crois que les vérités les plus hautes ne doivent être exprimées qu'en vers : en effet, comme elles exigent l'énoncé de contradictions, la prose les fait paraître absurdes. » *Ravaisson*

Epiménide de Cnosse (Crête) 6e siècle fut un homme divin, il a laissé un poème épique sur la légende des argonautes, et une théogonie. Ce fut un type d'homme religieux, un maître de vérité de la Grèce antique. Voir Detienne « les maîtres de vérité de la Grèce antique.

Le cri de l'école de Pythagore (6$^e$ siècle) était : « Suivez Dieu ! »

« J'aime quand la brise souffle en avril avant l'entrée de mai et que pendant toute une nuit sereine, chantent le rossignol et le geai ; chaque oiseau en son langage dans la fraîcheur du matin exprime la joie délicieuse d'être avec sa compagne.
Et puisque toute chose sur terre se réjouit quand renaît le feuillage, je ne puis m'empêcher de me souvenir d'un amour qui me rend joyeux ; nature et coutume m'inclinant vers cette joie d'amour, quand souffle le doux zéphyr qui me ranime le cœur.
Elle est plus blanche qu'Hélène, plus belle que la fleur qui s'ouvre, et pleine de courtoisie ; ses dents sont blanches, ses paroles sincères, son cœur noble et sans vilenie, son teint frais et ses cheveux couleur d'or. Que Dieu qui lui donna la maîtrise, la garde, car jamais plus belle je ne vis.
Elle exercera la miséricorde si elle ne me fait pas souffrir plus longtemps ; qu'elle me donne un baiser comme étrenne et plus encore selon mes services. Ensuite nous ferons souvent un court voyage et un bref chemin, car son beau corps plein de gaieté m'a tout bouleversé. » *Arnaut de Mareuil*

Arnaut de Mareuil a composé de 1171 à 1190. Nous savons par une biographie anonyme en langue occitane du 13$^e$ siècle publiée par le savant Chabaneau à Toulouse en 1880, qu'un troubadour appelé Arnaut de Mareuil était originaire de l'évêché du Périgord, d'un castel (ville, village entouré de murs), lequel à nom Mareuil. Comme il ne pouvait vivre de ses lettres, il s'en alla par le monde puis à la Cour de la Comtesse de Burlats, fille du pieux

Comte Raimon et épouse du Vicomte de Béziers lequel avait nom Taillefer.
Il s'énamoura d'elle et sur elle composa des chansons.
C'est à Burlats à 9 kilomètres en amont de Castres – sur l'Agoût, à l'entrée d'une gorge de cette rivière que se trouvait la cour d'azalaïs, dite de Burlats.
L'art de « trobar » est l'art de trouver une forme poétique, c'est l'invention poétique trobador. Le troubadour va de château en château accompagné d'un ou plusieurs jongleurs.

Albrecht von Scharfenberg (13$^e$ siècle) est l'auteur présumé du grand poème du Graal.
Le second Titurel ou le jeune Titurel fut composé en 1272. Ce poème de 45000 vers raconte la généalogie de la dynastie du Graal jusqu'à Titurel. Il n'existe aucune traduction de ce texte à ce jour.

« Saint Denys l'aréopagite, auteur d'un traité sur la mystique, ayant éprouvé les insuffisances de la parole et de la lumière, s'adresse à l'obscurité pour adorer, au fond d'elle, le Dieu inconnu : Obscurité très lumineuse, dit-il, obscurité merveilleuse qui rayonne en splendides éclairs, et qui, ne pouvant être ni vue, ni saisie, inonde de la beauté de ses feux les esprits saintement aveuglés. » *E. Hellr citant Saint Denys dans Angèle de Foligno.*

« ...L'abîme sans fin de la Divinité... Toute créature est en défaut, l'intelligence des anges ne suffit pas pour comprendre... » *Angèle de Fiorino*

« Tout à coup, je vis s'ouvrir devant moi sur l'autre espace la porte d'or de la mémoire, l'issue du labyrinthe. » *Milosz*

« Quand il y a une personne, il n'y a point de délivrance ; quand il y a une délivrance, il n'y a plus de personne, car c'est de la personne que la délivrance délivre. » *Maître Eckhart*

Privilégier l'alchimie intérieure.

« Quand l'homme est transpercé par l'épée du chérubin et qu'il a ainsi surmonté Dieu et l'Homme, la céleste Sophia le rencontre dans la neuvième forme ; elle rafraîchit son âme par une douceur inexprimable ; elle l'habille à nouveau de sa Céleste présence ; alors l'âme devient un ange de Dieu qui habite le ciel et peut s'entretenir avec Dieu. » *Gichtel dans Theosophia pratica.*

« Vous travaillez pour vivre, nous vivons pour travailler » *un américain à un allemand.*

« Une langue inconnue parle en nous, dont nous sommes les mots, tournés contre le réel. » *Fernando Pessoa*

D'une aurore à l'autre, l'éclair d'une luciole dans la nuit, nous dit un Indien du Dakota du Nord.

« Quand j'entrai dans le sanctuaire, par la porte orientale, j'aperçus dans les cieux un grand nombre de vases d'or ; je ne vis personne se prosterner devant eux, mais seulement devant l'idole de Vénus. » *Rhosatar de Misr*

René Huygues nous parle des peintres qui cherchent dans la beauté terrestre l'avant-garde d'une splendeur d'un autre ordre.

« Dans l'ordre des écrivains, je ne vois personne au-dessus de Bossuet ; nul plus sûr de ses mots, plus fort de ses verbes, plus énergique et plus délié dans tous les actes du discours, plus hardi et plus heureux dans la syntaxe et en somme plus maître du langage c'est-à-dire de soi.

Bossuet dit ce qu'il veut. Il est essentiellement volontaire comme le sont tous ceux que l'on nomme classique.
Il procède par construction tandis que nous procédons par accident ; il spécule sur l'attente qu'il crée tandis que les modernes spéculent sur la surprise.
Il fait puissamment du silence, anime peu à peu, enfle, enlève, organise sa phrase qui parfois s'édifie en voûte, se soutient de prépositions latérales distribuées à merveille autour de l'instant, se déclare, et repousse ses incidents qu'elle surmonte pour toucher enfin à sa clé et redescendre après des prodiges de subordinations et d'équilibre jusqu'au terme certain et à la résolution complète de ses forces. » *Valery*

« Monsieur Comte fut illuminé des rayons du génie. Celui qui à l'issue de la mêlée confuse du 18$^e$ siècle, aperçut au commencement du 19$^e$ siècle, le point fictif ou subjectif qui est inhérent à toute théologie et à toute métaphysique ; celui qui forma le projet et vit la possibilité d'éliminer ce point dont le désaccord avec les spéculations réelles est la grande difficulté du temps présent ; celui qui reconnut, que, pour parvenir à cette élimination, il fallait d'abord trouver la loi dynamique de l'histoire et la trouver ; celui qui, devenu par cette immense découverte, maître de tout le domaine du savoir humain, pensa que la sûre et féconde méthode des sciences particulières pouvait se généraliser et la généraliser ; enfin celui qui, du même coup, comprenant l'indissoluble liaison, avec l'ordre social, d'une philosophie qui embrassait tout, entrevit le premier les bases de gouvernement rationnel de l'humanité ; celui-là, dis-je, mérite une place, et une grande place, à côté des plus illustres coopérateurs de cette vaste évolution qui entraîna le passé et entraînera l'avenir... » *Littré, membre de l'Institut.*

« Les lois de la matière... ont leur origine non pas dans un mécanisme spécial de la nature mais dans notre esprit lui-même. » *Eddington*

« *Chaque lecteur est, quand il lit, le propre lecteur de soi-même.* » Proust

« J'ai trouvé mon ciel sur la Terre, puisque le ciel c'est Dieu, et Dieu est en mon âme ; le jour où j'ai compris cela, tout s'est illuminé pour moi. »
« Ô Seigneur, je voudrais m'écouler en ton sein
Comme une goutte d'eau dans une mer immense ;
Daigne détruire en moi ce qui n'est pas divin,
Pour que mon âme libre, en ton Être s'élance. »
*Élisabeth de la Trinité (1880 1906)*

« Vous êtes un Dieu caché. » Isaïe XLV 15

« Ce n'est pas dans l'univers que vous avez créé l'Univers, puisqu'il n'y avait point d'espace où il pût être créé avant d'être créé peut-être. » *Saint Augustin*

« L'épanchement du songe dans la vie réelle.
Le rêve est une seconde vie.
L'éternité profonde souriait dans vos yeux. »
Aurélia. *Gérard de Nerval*

« Les chimères demeurent l'ultime et la plus parfaite tentative de Nerval pour exprimer sa destinée selon l'ordre du langage, et non plus selon l'ordre du temps. » *Gérard Arseguel*

« Diriger mon rêve éternel au lieu de le subir. » *Gérard de Nerval*

« Je doute qu'un écrivain ait des idées qui méritent d'être dites, quand il n'a pas vraiment un style pour le dire. » *Chapelain*

« Telle l'agate oubliée en la plaine infinie,

L'œil regarde ce feu qui s'avive ou se meurt. » *Pierre Servien*

« Ô mon cœur devient infaillible cristal auquel la lumière s'éprouve. » *Hölderlin.*

« Ô nuit, qu'il est profond ton silence quand l'ombre de la nuit étend son manteau d'or.
Le chant des oiseaux dure encore,
Un rêve nous endort
Et notre âme est heureuse,
Un rêve nous endort,
Et notre âme est heureuse... »

« Dans le présent, contemple l'avenir. » *Pythagore*

« Le Prince ne se cache ni ne se révèle, il signifie. » *Héraclite.*

« Si tu veux être un pareil miroir, le vrai soleil avec tout son éclat viendra se rejeter en toi, où qu'on le tourne. » *Jesaias Romplex Von Lovenhalt*

« Ce que je n'aime pas, je ne m'en occupe pas. » *Danielou*

« Le ciel même s'engouffrerait dans le vide : Dieu ne laisse pas la moindre chose vide, c'est contraire à sa nature et à sa justice. » *Tauler*

« J'ai bien jugé qu'il me fallait entreprendre sérieusement une fois en ma vie de me défaire de toutes opinions que j'avais reçues auparavant en ma créance et commence tout de nouveau dès le fondement. » *Descartes*

« Ainsi l'on peut voir comment se fonde la béatitude dans l'art de voir, non en celui d'aimer qui en dérive. » *Dante*

À l'aube de la renaissance, (1441) un enfant de treize ans est l'élève du peintre flamand Jan Van Eyck. Celui à lui a transmis un seul et mystérieux message : « Petit, il faut savoir se taire, surtout si l'on sait. »

« De nos jours, il est possible de créer des empires sans colonisation. » *Simon Perez*

« Je compose l'art par Dieu » *Jean Cocteau*

« Il n'y a que la transformation intérieure qui conduit à la libération. » *Goethe*

« Le bleu est plus grand que tout. » *Henri Pourrat*

Sur cette terre qui est un cadeau de Dieu, tu as été le plus beau soleil de ma vie. À Roselyne.

« Ce vice impur de la lecture... » *Valéry Larbaud*

« Réunis les charbons brûlent ; c'est en se séparant qu'ils s'éteignent. » *Proverbe Bouddhiste*

« Chante la chanson de celui avec qui tu partages la demeure. » *Proverbe Arabe*

« Premiers sentiments, secondes pensées, c'est, dans les deux genres, ce qu'il y a de meilleur. » Louis de Bonald

« Quand on vit au milieu des roses, on en prend malgré soi le parfum. » *Proverbe Russe*

« Pour l'amour d'une rose, le jardinier est le serviteur de mille épines. » *Proverbe Turc*

« Ce ne sont pas les mauvaises herbes qui étouffent le bon grain, c'est la négligence du cultivateur. » *Proverbe Chinois*

« Garde le silence, ou dis quelque chose qui soit meilleur que le silence. » *Proverbe Allemand*

« Je suis le Dieu sans nom aux visages divers ;
Je suis l'illusion qui trouble l'univers ;
Mon être illimité est le palais des êtres ;
Je suis l'antique aïeul qui n'a pas eu d'ancêtres ;
Dans mon rêve éternel flottent sans fin les cieux. »
*Henry Cazalis (1840 1909)*

« Le trident de Neptune est le sceptre du Monde » *Antoine Lemierre*

« Le poème est un degré supérieur d'organisation. On pourrait le considérer comme du langage arrivé à l'état cristallin. Ce qui distingue un cristal de la même matière restée à l'état ordinaire, c'est qu'une matière en devenant cristal se soumet à des lois de structure qu'elle ignore à l'état ordinaire.
Le vers libre a détruit les structures anciennes du vers et du poème sans les remplacer. » *J. Romains*

« En chimie comme en architecture, la forme de l'édifice a une importance beaucoup plus grande que celle des matériaux qui la constituent. » *G. Le Bon*

« La forme sensible est ce qui correspond symboliquement le plus directement à l'intellect. » *Schuon*

« Pensé sans connaître. » *Sully Prudhomme*

« Le secret d'ennuyer est celui de tout dire. » *Voltaire*

« Si longue soit la nuit d'hiver, le soleil est toujours au bout. » *Targui*

« Enlevez ce soleil matériel qui illumine le monde, fera-t-il encore jour. »

« On apprend plus de choses dans les bois que dans les livres ; les arbres et les rochers vous enseignent des choses que vous ne sauriez entendre ailleurs. Vous verrez par vous-mêmes qu'on peut tirer du miel des pierres et de l'huile des rochers les plus durs. »
*Bernard de Clairvaux*

« Seigneur, tu sais mieux que moi que je vieillis, et qu'un jour je ferai partie des « vieux ». Garde-moi de cette fatale habitude de croire que je dois dire quelque chose à propos de tout et en toutes occasions.
Débarrasse-moi du désir obsédant de mettre en ordre les affaires des autres. Rends-moi réfléchi mais non maussade, serviable mais non autoritaire. Il me parait dommage de ne pas utiliser toute ma vraie réserve de sagesse. Mais tu sais, Seigneur...
Que je voudrais garder quelques amis.
Retiens-moi de réciter sans fin des détails, donne-moi des ailes pour parvenir au but. Scelle mes lèvres sur mes maux et douleurs, bien qu'ils augmentent sans cesse, et qu'il soit de plus en plus doux au fil des ans, de les énumérer.
Je n'ose pas te demander d'aller jusqu'à prendre goût au récit des douleurs des autres, mais aide-moi à les supporter avec patience. Je n'ose pas te réclamer une meilleure mémoire, mais donne-moi une humilité grandissante et moins d'outrecuidance lorsque ma mémoire se heurte à celle des autres. Apprends-moi la glorieuse leçon qu'il peut m'arriver de le tromper.
Rends-moi capable de voir ce qu'il y a de bon là où on ne s'y attendait pas et de reconnaître des talents chez des gens où on n'en voyait pas. Et donne-moi la grâce pour leur dire... Amen. » *Prière d'une religieuse du 17$^e$ siècle, extraite du bulletin « Nouvelles des amis » de l'Association des anciens de Notre-Dame de Grâce de Paris.*

« L'épée de l'homme, c'est la parole. » *J.B Willermoz*

« Le plus grand bonheur de l'homme est de voir son intelligence élevée à l'état de contemplation. Cet heureux mortel est l'âme de Dieu.
Les incertitudes intellectuelles ne peuvent être que très utiles à ceux qui marchent vers le sanctuaire de la science divine. » *S. Lefrand*

« Dans l'avenir, c'est le progrès normal des forces de l'âme humaine qui permettra la vision du Christ dans l'être spirituel de la Terre. Cette vision normale sera le partage de quelques-uns à partir d'un point déterminé du 20$^e$ siècle, et le nombre de ces hommes augmentera par la suite jusqu'à ce que cette faculté soit le partage de l'humanité entière. » *Louis Claude De Saint Martin (1743 1803)*

« Il existe des lois de la vie humaine, et ces lois sont conformes à celles que la coutume, cette expérience inconsciente des siècles, avait dégagée lentement et sûrement. Toute une philosophie est enveloppée dans cette vue si simple et qui est pourtant si nouvelle ; à savoir que les souches ayant duré, ont dû, pour durer, obéir aux règles de la vie collective. » *Paul Bourget*

« La sagesse est la science de l'ordre. » *Pythagore*

Goethe comparait la nature à un livre immense contenant les secrets les plus merveilleux, mais dont les règles sont dispersées à travers tout l'univers.

Un feu, dit Maître Eckhart.

« J'ai cherché quiétude en toutes choses et ne l'ai trouvée nulle part.
L'âme dit : « je n'ai trouvé quiétude nulle part que dans la vacuité. »

La vacuité en l'âme trouve quiétude, divinité pure. » *Maître Eckhart*

« Ne prenez jamais la bêtise trop au sérieux. » *Proverbe Chinois*

« Si tu veux marcher droit, regarde les étoiles. » dit le Poète.

« Deux objets remplissent l'âme d'une admiration et d'un respect sans cesse renaissants : au-dessus de moi le ciel étoilé, au-dedans de moi, la loi morale. » *Kant, frontispice de son tombeau.*

« De quelles étoiles sommes-nous tombés pour nous rencontrer. » *Nietzsche*

« De quelle étoile venez-vous ? » *Vallée*

« Adorée la vérité fut-elle, ignominieusement clouée à un gibet. » *G. le chartreux.*

« Le chemin qui mène à la demeure de l'esprit n'est pas loin, mais si tu veux le suivre, la nuit descend. » *Dicton Baluba (Congo)*

« Peut-on exiger de chaque individu qu'il se lance dans l'aventure périlleuse de l'esprit ? » *J.C Carrière*

« Ne pas subir. » *De Lattre de Tassigny*

« Ne pas se résigner. » *Romain Rolland*

« Honore ta foi et ne calomnie pas celle des autres. » *Axiome Bouddhiste.*

« Si la science découvre aujourd'hui quelque chose qui est en contradiction avec les écritures, il faut changer les écritures. » *Dalai Lama*

« Rien ne purifie comme la connaissance. » *Bhagavad Gita.*

« La porte par où l'intelligence sort d'elle-même est la porte par où elle entre dans l'esprit de l'univers. » *L.C De Saint Martin*

« Ne tenez pour certain que ce qui est démontré. » *I. Newton*

Tu dois regarder les choses avec une vision déterminée.

« L'esprit ne peut mourir à soi que s'il renonce. » *Alain*

« La perception implique l'existence. » *Saint Anselme*

« Faire et en faisant se faire. » *Renouvier*

« Je suis un oiseau : ce corps était ma cage mais je me suis envolé, le laissant comme un signe. » *Ghazâli*

« L'initiation se fait au sommet des montagnes. » *Ornolac*

« Tous les hommes libres sont de Berlin. Je suis un berlinois. » *J.F. Kennedy*

« Servir l'État sans s'asservir au pouvoir. » *Mathieu Molé, Président du Parlement de Paris sous la Fronde.*

« Le monde se crée par séparation. » *Paracelse*

« La connaissance existe au-delà du langage. » *Creighton*

« Si tout homme ne participe pas à l'Absolu, il n'y a plus rien à dire. » *Kierkegaard*

« L'absolu, voilà peut-être toute l'affaire des Cathares, plutôt qu'un duel de dogmes. » *Deltheil*

« L'enfant est toujours l'ombre de l'homme. » *texte indien.*

« Je rêve en action » *Unguern*

« La connaissance vaut mieux que l'ascèse mais la contemplation vaut mieux que la connaissance, et le détachement mieux que la contemplation. » *texte indien*

« L'action est un affaiblissement de la contemplation. » *Plotin*

« Il faut provoquer l'âme. » *Rimbaud*

« Le sentiment de l'amour dans lequel l'amant se perd dans la bien-aimée. » *Plotin*

« Il faut distinguer entre l'angoisse et l'anxiété. » *Sacha Guitry*

« On ne désire pas ce qu'on ne connaît pas. » *Ovide*

« Le désir est la cause de la souffrance. » *Bouddha*

« La vraie philosophie cherche plutôt à comprendre qu'à nier. » *Buwler Lytton*

« La somme de tout savoir est que nous ne savons rien. » *Christian Rosecroix*

« Toute détermination est négation. » *Spinoza*

« La connaissance mathématique consiste à inventer des structures. » *Granger*

« La connaissance n'est qu'un résidu de la création. » *De Roux*

« Transformer en connaissance les plus larges expériences possible. » *Malraux*

« Notre propre connaissance est une source de commencements absolus. » *Mercier*

Seul le contemplatif est connaissance.

« La contemplation est l'expérience même de l'illusion. » *Maritain*

« Il n'invente pas, il se souvient. » *Colette*

« Je ne cherche pas, je trouve. » *Picasso*

« *Nous ne sommes rien, ce que nous cherchons est tout.* » Hölderlin

« Détruis, car toute création vient de la destruction. » *Schwob*

« Le détachement tend vers un pur néant. » *Eckhart*

« Suivre Dieu. » *Pythagore*

« Le moment est venu de ramener ce qu'il y a de moi en moi à ce qu'il y a de divin dans l'univers. » *G. Bruno, montant sur le bûcher.*

« La créature est plus en Dieu qu'en elle-même. » *Salesius*

« L'homme qui n'est pas ancré dans le divin n'est pas en état de résister par la seule vertu de son opinion personnelle, à la puissance physique et morale qui émane du monde extérieur. » *Jung*

« La théologie de la négation est si nécessaire pour parvenir à celle de l'affirmation, que sans elle Dieu n'est pas adoré comme Dieu infini mais plutôt comme créature. » *Nicolas de Cues*

« Pour connaître Dieu tel qu'il est, nous devons être absolument dégagés de toute connaissance. »
« Un sage médiéval disait : Dieu n'est pas silencieux, Dieu est silence. La Sainte Écriture insiste partout sur le fait que l'homme doit se détacher de lui-même, c'est seulement dans la mesure où tu te détaches de toi-même que tu es maître de toi, c'est dans la mesure où tu es maître de toi que tu te réalises toi-même, et c'est dans la mesure où tu te réalises toi-même que tu réalises Dieu et tout ce qu'il crée à jamais. »
« Dieu a créé le monde et toute chose dans un éternel présent. »
« Dieu n'apparaît que quand toutes les créatures l'énoncent. »
*Eckhart*

« Ce n'est qu'à partir de la vérité de l'Être qu'on peut penser l'essence du sacré. Ce n'est qu'à partir de l'essence du sacré qu'il faut penser l'essence de la Divinité. Ce n'est que dans la lumière de l'essence de la Divinité qu'on peut penser et dire ce que désigne le mot Dieu. » *Heidegger*

« Notre être est chaos grossièrement constitué dans lequel il faut introduire la primauté d'un ordre divin. »
« La vérité de l'esprit ne doit pas seulement être pensée mais vécue. »
*Aurobindo*

« La vision de Dieu ne fait qu'une avec la vision de la Foi. » *E.P*

« La question est : « quel est cet Univers ? De quoi sort-il ? Vers quoi va-t-il ? » La réponse est : « dans la liberté il naît, dans la liberté il demeure, dans la liberté il s'évanouit, ou il se résorbe. » *Upanishad*

L'arbre spirituel de la vie dans le champ de Dieu.

« Création des êtres par la projection d'idées archétypes. » *Platon*

« Tu es sans commencement, tu es infini, toi de qui procèdent tous les mondes, tu es cela. » *Upanishad*

« L'homme se tient derrière son esprit. » *Vivekananda*

« Penser l'esprit, c'est penser la liberté. » *Marcel*

« Une nouvelle phénoménologie de l'esprit n'est pas loin, l'intuition de l'universelle métamorphose. » *Amiel*

« Tout ce qui est a pour cause l'esprit, a pour maître l'esprit, est né de l'esprit. » *Bouddha*

« C'est de l'esprit que vient le salut. » *Spinoza*

« Il n'y a qu'une sagesse. Elle consiste à savoir que l'esprit est doué d'une puissance qui le rend capable de tout gouverner souverainement. » *Héraclite*

« Nous rêvons de voyager à travers l'univers. L'univers n'est-il donc pas en nous ? Nous ne connaissons pas les profondeurs de notre esprit. Vers l'intérieur va le chemin mystérieux. L'Éternité est en nous avec ses mondes, passé et avenir. » *Novalis*

« Ce qui est créé par l'esprit est plus vivant que la matière. » *Baudelaire*

« La valeur à long terme de l'État, c'est la valeur des individus qui le composent. » *J.S. Mill*

« Éveiller la vie dans les êtres. » *L.C. de Saint Martin*

« Une injustice vaut mieux qu'un désordre. » *Goethe*

« Il n'y a rien de plus grand sinon l'homme. » *Pic de la Mirandole*

« Si l'homme pouvait être élevé par un être supérieur, nous saurions ce qu'est un homme. » *Kant*

« Le réalisme supérieur consiste à réaliser éminemment l'humanité. » *P.M.O*

« L'homme est le fils de l'obstacle. » *Blanc de Saint Bonnet*

« L'obstacle fait éclater l'unité du JE. » *Le Senne*

« Et l'homme qui inclut en lui matière et esprit est situé à l'horizon du temps et de l'éternité de telle façon que son rôle est d'abord de comprendre les images de la caverne. » *Condillac*

L'intelligence, c'est l'intellect, le pneuma divin.

« Quand on parle d'anéantissement, on ne parle jamais d'anéantissement physique, car rien ne se détruit de la nature ; quand une chose a été, elle reste et ne change que de forme. » *Guyon*

« L'hérétique, celui qui a une opinion. » *Bossuet*

« Il est mathématiquement impossible que le fini comprenne l'infini. » *Cauchy*

« Dans la pensée, l'Être accède au langage. Le langage est la maison de l'Être. » *Heidegger*

« On n'est libre que par la critique et l'énergie, c'est-à-dire par le détachement et le gouvernement de son moi ; ce qui suppose plusieurs sphères concentriques dans le moi, la plus centrale étant supérieure au moi, étant l'espèce la plus pure, la forme super individuelle de notre être, notre forme future, sans doute, notre type divin. » *Amiel*

« Laisse ton œil être lumière. » *Goethe*

« La révolte des masses, c'est l'invasion verticale des barbares. » *Rathenau*

« La véritable essence des médicaments est dynamique et consiste en forces immatérielles. Dans la nature, la matière est peu de chose, les forces sont presque tout. La matière est une force. » *Halinemanh*

« On a confondu le mérite et l'aptitude. » *B.P*

« Si l'introverti intuitif disait ce qu'il pensait réellement, personne ne le comprendrait. » *Jung*

« Si je n'agis pas pour moi, qui agira pour moi ? » *Paracelse*

« La nature est suspendue à la divinité. » *Boehm*

« La nature est l'esprit rendu visible. » *Schelling*

« La notion de sacré préexiste à la construction de la nature. » *T. de F*

« C'est un même acte que de contempler la nature et de penser. » *Heidegger*

« L'homme se forme par une unité. Il est une succession de vagues dont chacune engendre la suivante. La cessation de ces formes est nirvana. » *texte Indien*

« Je n'ai jamais vu la dignité de l'homme que dans la sincérité de ses passions. » *Drieu La Rochelle*

« Il y a des constantes dans la pensée. » *Goethe*

« Notre pensée va au réel, elle n'en vient pas. » *Bachelard*

« La pensée ne nous mène pas à la certitude. » *Tellier*

« L'état de veille et le rêve ne sont qu'un, dit le sage, car ils manifestent pareillement le multiple, ce qui est une preuve évidente. » *G.K*

« Le rêve est féerie involontaire. » *Jean Paul*

« Toute grande science débute par la spéculation. » *R. J*

« Ce n'est que dans la subjectivité qu'on peut connaître l'existence. » *Berdiaev*

« L'objectif ne m'intéresse pas, seul m'intéresse la subjectivité. » *Wiessel*

L'univers repose sur son essence, dit Krishna

Le temps est de l'éternité pliée. X

« Le tumulte du temps. » *Hölderlin*

« Le temps est une simple image de l'éternité. » *Schopenhauer*

« Ô fleur et astre, esprit et vêtement, corps, douleur, et éternité. » *Brentano*

« Ou sans doute, tout meurt, ce monde est un grand rêve et le peu de bonheur qui nous vient en chemin, nous n'avons pas plutôt ce roseau dans la main que le vent nous l'enlève » *Musset*

« Le temps absolu ne peut se concevoir. » *Newton*

« Ne regarde pas des deux côtés à la fois, vers le soi transitoire et vers l'immortelle essence. » *Akbar*

« Je crois que la vie extérieure et la vie intérieure coïncident. » *Thoreau*

« Détruire l'idée d'existence et non existence : il faut détruire l'idée d'existence par l'idée de non-existence, l'idée de non-existence qui ne se pose que par opposition à l'idée d'existence, disparaîtra d'elle-même. » *Cantideva*

« L'investigation de la vérité est en un sens difficile et en un autre facile. Ce qui le prouve, c'est que nul ne peut l'atteindre adéquatement ni la manquer tout à fait. Chaque philosophe trouve à dire quelque chose sur la Nature. En lui-même cet apport n'est rien sans doute ou peu de chose pour la vérité, mais l'assemblage de toutes les réflexions produit de féconds résultats. Il est donc juste de nous montrer reconnaissants, non seulement pour ceux dont on peut partager les vues, mais encore pour ceux qui ont exprimé des vues plus superficielles : même ces derniers nous ont apporté leur contribution, car ils ont développé notre faculté de penser. » *Aristote*

« Les flots passent les uns après les autres et se poursuivent éternellement. » *Li T'ai Po*

« Celui qui retourne à la lumière intérieure est préservé de tout mal. Il revient à l'Éternel. » *Tao Te King*

« Un filet est utilisé pour attraper les poissons, mais quand on a pris les poissons on ne pense plus au filet. » *Tchouang Tsé*

« Je crois que si le monde s'enlaidit de plus en plus, c'est que Dieu ne veut pas le détruire tant qu'il est en bon état. Quand il sera insupportable à voir, il le détruira. Et on le regrettera, malgré sa laideur. » *Kielowski*

Dieu est un Ut majeur.

« Le monde est malade de la technocratie. » *Weiss*

« La terre va rapidement vers une crise, une crise dont le facteur essentiel est la technologie. » *Neuman*

« Il faut avoir la folie du travail, c'est la seule ivresse qui peut s'accroître indéfiniment jusqu'à la mort. » *Henri Thomas*

« Aimer un être c'est lui dire, tu ne mourras pas. » *Marcel*

« Ouvertement, je vouai mon cœur à la terre grave et souffrante, et, souvent dans la nuit sacrée, je lui promis de l'aimer fidèlement, jusqu'à la mort, avec son lourd fardeau de fatalité et de ne jamais mépriser ses énigmes. » *Hölderlin*

« Où pourrais-je Te rencontrer sinon dans ma demeure devenue la Tienne. Où pourrais-je m'unir à

toi sinon dans mon œuvre transformée en Tienne. »
*Tagore*

« Les hommes endormis ont deux mondes, les hommes éveillés n'en ont qu'un. » *Héraclite*

« Prends refuge dans ce qui, vraiment, est sans mesure. » *Shônin*

« Les gens faibles ne plient jamais quand ils le doivent. » *Cardinal de Retz*

« Peu importe que le chat soit gris ou noir pourvu qu'il attrape les souris. » *Proverbe Chinois*

« La nuit est le soleil qui ne se connaît pas. » *Michel Ange*

« Enlevez l'intellection, il ne reste que le pur néant. » *Eckhart*

« L'âme est et devient ce qu'elle contemple. » *Plotin*

« De quelques côtés que l'homme se dirige, et quoi que ce soit qu'il entreprenne, toujours il reviendra au chemin que d'avance a tracé pour lui la nature. » *pensée d'autrui*

« Le sage trouve mieux son compte à ne point s'engager qu'à vaincre. » *La Rochefoucauld*

« Au fond, il n'y a pas de grandes personnes. » *Aumônier des Glières.*

*Cristallographie*

## TABLE

*Cristallographie*

# CRISTALLOGRAPHIE

## CRISTALLOGRAPHIE
*Poésie*

LES VISAGES RÉELS -7

I - Ô PENSÉE, CERTITUDE ÉTRANGE DE L'ENVOL – 9
II - ANTIENNE FLORALE - 10
III - BERCEUSE À FRANCK - 12
IV - Ô GLORIEUSE L'ÂME EN CE PEU DE POUSSIÈRE - 13
V – RÉMINISCENCE - 16
VI - LARME ROSE PURE DU JOUR - 17
VII - ORS DE GLACE FÉBRILE - 18
VIII - LA PIERRE SOLAIRE - 19
IX – HYPERBOLIQUE - 20
X - RENONCER MÊME À CE QUE L'ON AIME - 21
XI – DÉCHIREMENT - 22
XII - AUX CONFINS ÉGARÉE – 23
XIII – ARABELLE - 24
XIV – PASTORALE – 25

FEMME MÉNESTREL - 27

XV - Ô FEMME MÉNESTREL - 29
XVI – DÉLICIEUSE - 30
XVII – CHANT - 31
XVIII – OISEAUX - 32
XIX – FILEUSE - 33
XX – MER - 34
XXI - LA SIRÈNE - 35
XXII – NUIT - 36
XXIII - LA DÉESSE - 37
XXIV – ARCANE – 38
XXV – LIENS – 39
XXVI – INVINCIBILITÉ - 40

*Cristallographie*

XXVII - D'UNE AURORE À L'AUTRE - 41
XXVIII – ÎLE - 42

ARABELLE - 43

XXIX - LA NATURE OPÉRATOIRE DE L'ESPRIT
Art Poétique - 45
XXX – PURIFICATION - 46
XXXI - L'ANGE - 47
XXXII - LA VIE I - 48
XXXIII - LA VIE II - 49
XXXIV - CRÉATION I - 50
XXXV - CRÉATION II - 51
XXXVI – RENONCEMENT - 52
XXXVII – GERMINATION -53
XXXVIII – CHEMINEMENT - 54
XXXIX – APHELIE -55
XL – ABSCISSE - 56
XLI – ISTHME – 57
XLII – ISIS – 58

Table – 59

# CHOREOR
*Fragment dramatique* -63

# DE LA LITTÉRATURE
*Conférence* - 85

# CANDE
*Nouvelle* - 95

# POINTS DE REPÈRE
*Notes de lecture et réflexions* - 109

## PRÉLUDES INTEMPORELS
### Rêves -181

## MÉMOIRE ANTÉRIEURE
### Digressions - 225

## CAHIER DE L'ESCOLIER
### Florilèges du verbe - 257

## Table - 285

*Cristallographie*

*Recueil 2019*
*Royan*

*Éditeur Patinet Thierri*
*http://harmonia-universum.com*

*Impression*
*http://www.lulu.com*

www.ingramcontent.com/pod-product-compliance
Lightning Source LLC
Chambersburg PA
CBHW050840230426
43667CB00012B/2087